Reader Takes All.

書的迷戀
Hunting For Books

不需要理由的迷戀

文—郝明義

《書的迷戀》（*Hunting for Books*）是《閱讀的狩獵》（*Hunting for Knowledge*）的對照之作。

《閱讀的狩獵》，是想看看有哪些人爲什麼又如何爲書的內容而尋尋覓覓，可以說是在談書的軟體在如何爲人所追求。換句話說，比起擁有書籍的本身，他們可能更看重獲取書裡的知識。

《書的迷戀》，則是想看看有哪些人爲什麼又如何爲書的實體而執著不已，可以說是在談書的硬體在如何爲人所喜好。換句話說，比起獲取書裡的知識，他們可能更看重擁有書籍的本身。

◎

《閱讀的狩獵》談的是我們對書的理性。
《書的迷戀》談的是我們對書的感性。
強烈一些的感性，就是迷戀。

◎

在做這本書的過程裡，讀過一些不同程度的迷戀故事。

有比較黑色的，譬如有人爲了買一本稀有的書，硬是賣了好幾瓶血來湊錢。

有比較喜劇的，譬如有一位愛書成痴的人，一有錢就買書，買到傾家蕩產的地步。無以爲繼，最後一步他只好把家藏的若干書籍拿出來拍賣求生。拍賣會進行到一半的時候，他溜了出去。不久，會場上多了一名出價勇猛的新買主。這位勇猛的新買主不是別人，正是他自己出去化裝，換了個假名字回來。

迷戀到這種程度，則是痴狂。

◎

從感性到迷戀到痴狂，我們對書這種物件的情緒，有著各種不同的層次——一如我們對衣服、飾品、紅酒、汽車等物件的情緒。

在開始做這本書的時候，我們主要想陳列這些情緒、描繪這些情緒、分享這些情緒。但是隨著書的進展，也不由得就情緒的來處與去向做了一些整理。

◎

在整理中，最深刻的一個感觸，是因中文世界而起的。不論就我們自己的主觀條件來說，還是就外在環境的客觀條件來說，今

天我們在中文世界裡對書這種物件的感性，其實並沒有太多不同層次發洩的機會。

我們可以拿衣飾這種物件來對照。我們對衣飾的迷戀，可能起因於其穿著的實用，可能是某種剪裁，可能是某種顏色，可能是某種質料，可能是某個設計師的名字，可能是某種品牌，可能是某種價格的本身，可能是因為其炫耀，可能是因為其深沉，可能只是因為有個漂亮的衣櫥，可能是沒有任何理由。相對於衣飾，就可以體會出我們對書的迷戀，還停留在多麼單薄的境地。

而任何迷戀，如果表現或宣洩的管道、層次太單薄，都不符合迷戀本身的定義，也不利於其存在。

◎

相對於西方世界，中文世界對書的迷戀還停留在一個單薄的地步，有許多歷史的原因，我們試圖用這本書裡的一些文章開始一些探討，算是就迷戀這個感性的主題的一點理性思索。

不過更重要的是，就讓我們扔開那些思索吧，還是讓我們就這麼開始迷戀吧——不要瞻前顧後地。快快樂樂地。

迷戀一個人都不需要理由了，何況是書。■

Net and Books 網路與書 10

書的迷戀

經營顧問：Peter Weidhaas　陳原　沈昌文
　　　　　陳萬雄　朱邦復　高信疆
發行人：郝明義
策劃指導：楊渡
主編：黃秀如
本輯責任編輯：冼懿穎
編輯：藍嘉俊·葉原宏·傅凌
網站編輯：莊琬華
北京地區策劃：于奇·徐淑卿
美術指導：張士勇
美術編輯：倪孟慧·張碧倫
攝影指導：何經泰
企劃副理：鍾亨利
行政兼讀者服務：塗思真
法律顧問：全理法律事務所董安丹律師

出版者：英屬蓋曼群島商網路與書股份有限公司台灣分公司
臺北市南京東路四段25號10樓之1
Tel：（02）2546-7799
Fax：（02）2545-2951
Email：help@netandbooks.com
網址：http://www.netandbooks.com
郵撥帳號：19542850
戶名：英屬蓋曼群島商網路與書股份有限公司台灣分公司

總經銷：大和書報圖書股份有限公司
地址：台北縣新莊市五工五路2號
Tel：886-2-8990-2588
Fax：886-2-2290-1658
製版：瑞豐實業股份有限公司
印刷：詠豐印刷股份有限公司
初版一刷：2004年4月
初版二刷：2004年5月
定價：台灣地區280元

Net and Books No.10
Hunting For Books
Copyright @2004 by Net and Books
Advisors: Peter Weidhass　Chen Yuan
　　　　　Shen Chang Wen · Chan Man Hung
　　　　　Chu Bang Fu　Gao Xin Jiang
Publisher: Rex How
Editorial Director: Yang Tu
Chief Editor: Huang Shiou-ru
Executive Editor: Winifred Sin
Editors: Chia-Chun Lang · Yeh Yuan-Hung · Fu Ling
Website Editor: Lucienna Chuang
Managing Editor in Beijing: Yu Qi · Hsu Shu-Ching
Art Director: Zhang Shi Yung
Photography Director: He Jing Tai
Marketing Assistant Manager: Henry Chung
Administration: Jane Tu
Net and Books Co. Ltd. Taiwan Branch（Cayman Islands）
10F-1, 25, Section 4, Nanking East Road, Taipei, Taiwan
TEL：+886-2-2546-7799　　FAX：+886-2-2545-2951
Email：help@netandbooks.com　http://www.netandbooks.com

本書之出版，感謝永豐餘、CP1897網上書店、英資達參予贊助。

CONTENTS
封面繪圖：吳孟芸
目錄

家西書社提供
攝影：賀新麗

永續

掌握世界的變動節奏，拉近人文和經濟的落差，

以利他的理念，落實企業的經營和社會的責任。

保育

永豐餘　**http://www.yfy.com**

奈米、生物科技透過e化的平台，不斷地在造紙、印刷、顯示等產業
創新服務，共創優質生活的未來。

Part 1
說痴
There Is Something About Books

問世間，書是何物？

文─徐淑卿　插圖─吳孟芸

他愛書的氣味、書的形狀、書的標題。
他愛手抄本，是愛手抄本陳舊無法辨識的日期、
抄本裡怪異難解的歌德體書寫字，
還有手抄本插圖旁的繁複燙金鑲邊。
他愛的是蓋滿灰塵的書頁──他歡喜地嗅出那甜美而溫柔的香。

福樓拜‧《戀書狂》

書，是氣味

一本書在被閱讀的過程中，它已經不僅是一本書，而是糅雜著某一時光的香味與記憶。此中心情最廣為人所知的大概屬喬治‧吉辛的《歷盡艱辛話買書》：「我對自己每一本書的氣味都很熟悉，我只要把鼻子湊近這些書，它們那散發出來的氣味就立刻勾起我對往事的種種回憶。」而愛默生在寒冷的夜晚讀柏拉圖時，必須將毛毯裹至下巴，從那個時候起，他老是把柏拉圖和羊毛的味道聯想在一起。

書，是聲音

不只是《我願意為妳朗讀》裡，讀書的聲音攪拌著情慾而像絲瓜藤蔓一樣伸展。三○年代海達‧莫里遜拍攝的照片裡，北京邃雅齋舊書店線裝書垂下的牙籤，因為風的流動，形成凝固的音樂。手指翻動書頁的聲音，像一次次滿足的嘆息。《金剛經》在默誦三十分鐘後，隱隱傳來風起雲動的迴聲。班雅明小時候閱讀兒童讀物，必須把雙耳掩住，過去沒有兒童讀物時他也曾聽到類似這樣的律動，那是在冬天，暴風雪對他所作的無聲的敘述，他從未聽懂這種敘述的內容，但是現在時機到了，「我通過閱讀密密麻麻的文字，得以探詢我當初在窗邊聽不懂的故事。」

書，是溫度

一本被仔細閱讀摩娑的書，就像一塊溫潤的玉石，總會顯現出人的氣味和血色。旅行作家保羅‧索魯到布宜諾斯艾利斯時，曾經拜訪波赫士，也看到他在會客室陳列的書架，保羅‧索魯說：「這些書的書背磨破了，外皮也都褪色，可是他們有被讀過的模樣，全被詳細地看過，夾滿突

出的紙書籤，閱讀改變了一本書的外貌，一旦被讀過，看起來就不會再一樣。」

書，是刻痕

對有些人來說，藏書之所以讓他們難分難捨，正是因為他們讀過，以及在這些書上留下印記，這些印記像無形的絲線，不論記憶如何遠颺難覓，總能立刻重現往日。查爾斯·蘭姆樂於見到一本書上有著不計其數的痕跡。他說：「對於一個真正愛讀書的人來說，從巡迴圖書館借來一部《湯姆·瓊斯》或《威克菲爾德的牧師》的時候，那污損的書頁、殘破的封皮以及書上的氣味，該是多麼富有吸引力啊。」

書，是命運

班雅明在〈打開我的圖書館〉裡，也點出收藏家之所以迷戀某一物品，乃是由於這個物品所經歷的滄桑身世：「收藏品的年代、產地、工藝、前主人——對於一個真正的收藏家，一件物品的全部背景累積成一部魔幻的百科全書，此書的精華就在於物件的命運。」

書，是調情

著名的藏書家羅森巴哈（A. S. W. Rosenbach）出人意表地謙遜，他認為這世上最偉大的遊戲是愛的藝術，之後最令人愉悅的才是書的收藏。卡爾維諾顯然不這麼以為。他在短篇小說〈書痴〉裡，描寫一位青年如何在與女士調情的懸疑時刻裡，還想忙裡偷閒的多看幾頁書。即使最終他和她擁抱並倒在氣墊上，仍不忘抽出一隻手來，將書籤夾到正確的頁碼。因為「當心急火燎地想繼續往下看的時候，還得翻來覆去地尋找頭緒，那可是再討厭不過的了」。

書，是萬惡之源

有人只愛美人不愛江山。對見多識廣的羅森巴哈來說，書籍一如尤物，既充滿致命的吸引力，也是誘發邪惡的危險物品。他說：「我曾見識有些人不惜傾家蕩產，長途跋涉而不顧惜友誼，甚至說謊、欺騙、偷盜，都是為了得到一本書。」說來，朱彝尊的「雅賺」行徑也頗似於此，他為了獲得錢曾的《讀書敏求記》，先是大宴賓客，然後又厚賂書童為他取得此書，再請人連夜抄成副本，連騙帶偷的招數都用上了。

書，是兩個人的事

李清照在〈金石錄後序〉裡，曾追憶她和夫婿趙明誠賞玩書畫的幸福時光。這篇文章寫於南宋紹興年間，當時趙明誠已病逝，李清照自己也輾轉喪亂之間，往昔粗衣疏食所覓得的圖籍金石百不存一，但是在她的回憶裡，這些失去的快樂都閃現著無可取代的光芒。「每獲一書，即共同勘校，整集籤題。得書、畫、彝、鼎，亦摩玩舒卷，指摘疵病，夜盡一燭爲率。…余性偏強記，每飯罷，坐歸來堂烹茶，指堆積書史，言某事在某書某卷，第幾頁第幾行，以中否角勝負，爲飲茶先後。中即舉杯大笑，至茶傾覆懷中，反不得飲而起，甘老是鄉矣。」

孫慶增在〈藏書紀要〉裡說：「且與二三知己，與能治古本、今本之書籍者，並能道其源流者，能辨原板、翻板之不同者，知某書之久刷印，某書只有抄本者，或偕之間訪於坊家，密求於冷舖，於無心中得一最難得之書籍，不惜典衣，不顧重價，必欲得之而後止。其既得之也，勝於拱璧，即覓善工裝訂，置之案頭，手燒妙香，口吃苦茶，然後開卷讀之，豈非人世間一大韻事乎？」一個人面對書，就像寂寞的島嶼，所有的樂趣都沒有迴聲。如果多了朋友一起共讀，即使各自沈浸在不同的書裡，即使在冬夜，世界都是溫暖的。

書，是肉體的愛

《愛書人的喜悅》作者安·法第曼認為，她以及上述的蘭姆，奉行的是對書的肉體愛。她認為一本書的字是神聖的，但是對於承載字的紙張、封皮等充其量不過是容器罷了，「磨損得厲害非但不表示大不敬，還有肌膚之親的證據。」

因此，《玫瑰的名字》裡，見習僧埃森描繪過這樣的景象：「我曾看過諦佛里的裴西飛卡翻閱一本書，那本書的書頁因爲溫度所致，全都黏在一起了。他把拇指和食指在舌頭上沾了沾，再將書一頁頁翻開，結果每一頁上都留下口水的痕跡，不但書角摺起，而且書頁都有曲折的皺紋，一如過度的縱情美色會使戰士軟弱無力……」

書，是精神的愛

但是對另一種奉行宮廷愛的人來說，書的形體毋寧是神聖不可侵犯的。虔誠的宮廷愛信徒是永遠不會讓書慘遭這種對待的。安·法第曼的朋友克拉克，只許太太在日薄西山後才拉開窗簾，怕的是他藏書的書皮會被曬得褪色。他看上眼的書都至少購買兩本，如此只有一本需要忍受他的翻閱。有一次他的岳母從書架上取下一本書，於是他就在屋裡如影隨形的跟著她，防止她對書作了什麼不可告人之事。

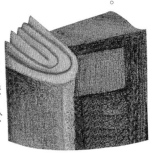

磨損得厲害非但不表示大不敬，還有肌膚之親的證據。

宋朝司馬光的藏書，雖經他數十載翻閱，但是仍如新書一般完好。他的方法是：「至啟卷，必先視几案淨潔，藉以茵褥，然後端坐看之。或欲行看，即承以方版，未嘗手汗沾漬，以觸其腦。每看竟一版，即側右手大指，面襯其沿，而復以次指，面捻而夾過，故得不致揉熟其紙。」

書，是被詛咒的愛

最罪大惡極的事情莫過於斗膽向藏書家開口借書甚至不告而取了。你有這種愛，就要接受最狠毒的詛咒了。最惡狠狠而直截了當的首推聖佩德羅修道院圖書館的警告牌：「敬告仁人君子：凡是偷竊書籍，或是有借無還者，他所偷的書將變成毒蛇，將他撕成碎片。讓他中風麻痺，四肢壞死。讓他痛不欲生，呼天搶地；讓他的痛苦永無止盡，直到崩潰。讓永遠不死的蠹蟲啃囓他的五臟六腑。直到他接受最後的懲罰，讓煉獄赤火煎熬他，永恆不停。」想必這些修士丟書的痛苦也與告示牌一般無二，才能詛咒得如此絲絲入扣。可惜的是，偷書的歷史恐怕必定會和書籍的歷史相終始。早在亞述王國時期，亞塞班尼波王就已經向神祈求：「取走〔泥版〕之人，卻在原應銘刻著吾名之處書寫其名，願阿什爾與寧里珥因此而惱怒與憤恨，並捨棄那人，抹去他在大地上的名與後裔。」

書，是生死相守的愛

小說家牙買加·琴凱德說她童年有偷書之行，原因在於「一旦我唸過一本書之後，我就無法承受與它分離之苦」。

對於最癡迷的戀書狂而言，他不能忍受自己和書須臾分離，即使到生命的盡頭。A·愛德華·紐頓曾為文追悼年輕的藏書家哈利·愛爾金·威德拿。這位死於鐵達尼號船難的藏書家，買到的最後一本書是1598年版的《培根散文集》，他行前說：「我還是等書到手以後再走好了，那麼一來，萬一我搭的船沉了，我才能和那部書一塊兒葬身大海。」這段話一語成讖，這本珍貴的《培根散文集》就和他一起淪為波臣。而雪萊的遺體被波浪推向灘頭時，他的口袋裡放的是《濟慈詩集》。

書，是千里相送的愛

就像關於愛情的爭議一樣，也許有人會質疑，類似殉情行徑的同歸於盡，到底算不算是一種「真愛」？如果是鄭振鐸可能就不會採取這種作法。這位愛書如命的藏書家，在對日戰爭期間，曾經遭遇藏書被刀劈斧砍與戰火吞噬的錐心之痛，因此1950年有人捐贈百餘冊宋

版書時，擔任文物局局長的鄭振鐸親自到上海驗書，為了擔心萬一飛機失事殃及珍本，他否決了將書空運回北京的提議，而是派專車由自己親自護送。（在沒有書的情況下，鄭振鐸是不怕坐飛機的，1958年他奉派到阿富汗等地訪問，不幸在蘇聯上空飛機失事罹難。）

　　鄭振鐸去世後，他的家屬將他所有的藏書捐給北京圖書館。暫且不論圖書館是否為藏書最好的歸宿，因為許多捐贈給圖書館的書可能就此委棄塵埃不見天日，有些則可能輾轉盜賣流離失所。不過這也是書籍的命運，對於像鄭振鐸這樣的藏書家來說，書之愛就像一段無悔的守候，雖然終須一別，但是至少在到達人生的彼岸之前，他願意以全然無私的愛，陪它一段。

書，是冰與火的愛

What is a youth? Impetuous fire.

What is a maid? Ice and desire.

　　電影《羅密歐與朱麗葉》的主題曲，是一首歌頌愛情的經典。這首歌起首的幾句，便把一場愛情的相對關係做了最清楚的定位：「什麼是少年？火與火的綿延。什麼是少女？冰與激情的結合。」

　　書痴對於書的愛情，也可以從這首歌來看個端倪。如果我們把歌詞中的「少年」改為「書痴」，而「少女」改為「書」，就知道這場愛情的本質了。

　　書，是冰冷的，但是冰冷之下又埋伏著洶湧的激情。而這冰冷的激情，只有遇上一個燃燒著熊熊烈火的書痴時，才會在他的尋尋覓覓中，因為他的呵護疼惜，因為他的翻弄撫慰而沸騰起來，爆發出火山的狂熱與能量。

　　這首歌的結尾說：

Sweeter than honey and bitter as gall.

Love is a task and it never will pall.

Sweeter than honey...and bitter as gall

Cupid he rules us all.

甜過蜜糖、苦逾膽汁，愛情是永不會索然無味的任務。

甜過蜜糖、苦逾膽汁，我們都在愛神的支配之下。

　　是的，書痴與書的愛，也只能嘆之於天地之悠悠。　　　　　■

書，是冰冷的，但是冰冷之下又埋伏著洶湧的激情。

藏書行爲的後現代啓示

文—冼懿穎　插圖—吳孟芸

安‧法第曼（Anne Fadiman）在《愛書人的喜悅》（*Ex Libris*）其中一篇章〈圖書的結合〉（Marrying Libraries）中曾提到，她和丈夫本來各有自己的藏書，後來決定把二人的書架合二爲一，就好比夫妻開一個聯名銀行戶口一樣成爲財產的共同擁有人，象徵著婚姻關係的穩固、人書結合的意味。問題是，合併後她發現自己和丈夫對書籍的分類法是不同的，「要從他的『英國式花園』方式和我的『法國式花園』找到一個共同點」。巴斯班斯（Nicholas Basbanes）在《溫和的瘋狂》（*A Gentle Madness*）說：「每一位藏書家都是一位講故事的人；每一種收藏都是一種敘述。」閱讀本身已帶著一種「含糊」、「不確定」的成分，如巴特（Roland Barthes）所說的「作家之死」──作者不僅指一個「人」，而他是由文化所建構出來的「實體」，處於主導位置的卻是讀者。我們從書架上的藏書，看到了其主題性的拼湊、時間（喪失恆久性）和空間的交錯顛倒。因爲藏書，或收藏有這種特質，或許我們可以把它放在後現代主義的情境裡來看。

既然每個讀者對同一本書的理解和詮釋可以完全不同，而書籍在架上的排列，是閱讀一本書後解讀它的一種具體化表現，無疑反映了藏書者的世界觀，而且這種世界觀是變化不定、是片段性的（所謂「垃圾文化」的流行文化其短暫的「壽命」，更令架上的風景轉換得更快）。班雅明在〈單向街及其他〉（One Way Street and Other Writings）說起了「收藏」（Collection）形成的隨機性：「他找到的每一塊石頭、拾起的每一朵花、捕捉到的每一隻蝴蝶，都已經成爲收藏的開始，他所擁有的每一項物品，都可形成一個碩大的收藏。」除此之外，書籍的擺放位置，亦會隨著個人生命的進程、成長的遭遇而有所轉變。班雅明在另一篇文章〈打開我的圖書館〉（Unpacking

架上的藏書蘊藏著只屬於他的回憶、他跟藏書的關係、他的世界，雖然這個世界成不了一個整體。

My Library）亦有談及有關藏書和藏書家的關係：「所有有關的記憶和思索，所有意識，成為他（收藏者）所有物（藏品）的主軸、骨架、根基以及所有的一切。時間、地域、工藝、（書籍的）前物主——對於真正的收藏家來說，收藏品的整體背景，堆砌成了一本不可思議的、迷人的百科全書，而其精髓正就是他的收藏品本身的命運……收藏者成為雕塑藏品面相的人，而後成為其命運的解釋者」。

哈桑（Hassan Ihab）在《後現代景觀中的多元論》（*The Postmodern Turn:Essays in Postmodern Theory Culture*）中提到：「活生生的語言和杜撰的語言，重新構造了宇宙——從類星體到夸克，從有文化的無意識到宇宙空間中的黑洞——將宇宙重構為語言所創造的符號，將自然轉變成文化，又將文化轉化為一種內在的符號系統。」以這個說法，其實藏書也可以理解成為藏書者的一種內在性投射行為，藏書者把書這個客觀存在的物質，轉化成零碎的回憶，「每一種熱情幾近無秩序、混亂的狀態，但藏書者的熱情則幾近無秩序、一片混沌的回憶」（班雅明）。相對公共圖書館的書架所象徵的秩序性（如不變的圖書編號）和一統性（各地共同採用的圖書編制），私人圖書架在後現代的情境下，產生一種只對某個藏書者有意義的排列，架上的藏書蘊藏著只屬於他的回憶、他跟藏書的關係、他的世界，雖然這個世界成不了一個整體。

書的價值亦因而成了一種相對價值，「當藏書失去它的主人，也就失去了它的意義」。∎

有人問我關於「書痴」的事

這些人對書天生好感、敏感，小時候走路上學，地上有錢看不到，見有字紙，非要撿起來看個究竟不可……三兩天不逛書店，他就覺得不舒服。每逛，必有所得。

文—傅月庵
插圖—吳孟芸

書痴是天生的嗎？倒也不一定。「痴」如果不是病，那就另當別論。如果是病，則先天不足，後天失調，都有可能。大體而言，「痴」介乎病與不病之間，未必天生，也可能是「胎裡痴」，老天爺早註定好的，這幾乎是巷內人之定論了。

書痴的根源

書痴源自於「佔有慾」。觀之不足，而必爲我之所有；數本之不足，而必朝夕不捨，冀望擁盡天下好書。「我們都知道，自己的書讀起來比較舒服，我們知道它的全部，哪裡有缺陷，哪裡折了角，哪裡的污點是我們喝、吃奶油鬆餅時不小心沾到的」，查爾斯·蘭姆（Charles Lamb）「自己的書」這一念之執，發揚成痴，放任惡化，極可能像明人孫從添一樣：「余無他好，而中於書癖，家藏卷帙，不下萬數，雖極貧，不忍棄去，數年以來，或持囊以載所見，或攜篋以記所聞，念茲在茲，幾成爲一老蠹魚矣。」這還算好，只是「極貧者」的窮快活而已。萬一手邊金足，慨然以良田美人換得一部半卷，那也是有的。這種貌似瀟灑，骨子裡卻很「唯物」的富風流，良田也就罷了，美人部分，實在值得檢討批判。

至於最後下場，像黃宗羲那樣，每次出門，必要於家藏五萬卷中，捆載二萬卷同行，明明看不完，卻還要說「篷窗驛肆，不能一日無此君」。這是自得其樂，你愛你爽就好，誰也管不到！最糟糕的是像明人邊貢，一輩子搜訪金石古文，積漸有成，老天偏不幫忙，一把火燒光光。傷心的他捶胸頓足、看不開的他淚流滿面，仰天吶喊：「嗟乎！甚於喪我也。」沒多久，果然就隨書而掛了——以身殉書，忠烈祠沒你方寸之牌，政府可也不會發張褒揚狀給你。

小痴好醫，大痴無救

一如情痴，書痴也有大小深淺不同等級之分。「小痴」

屬狂熱，種因激情，來得急，去得也不慢，一如瘋魔偶像、迷戀「血拼」，是某個人生階段或然的行為，待到某年某月錢盡緣淺，緣盡情薄，發現人生還有更值得追求的美好事物，自然轉而他鶩，不藥而癒了。家中有此輕症小兒，無須擔憂，時間就是最好的藥方，只要選對了職業（此症最忌出版業或學術研究，千萬避免！）稻粱謀壓殺痴病毒，「書中自有黃金屋，書中自有顏如玉」的「書」之神話，自然會被「股票」所取代，少年視若珍寶的這本、那本藏書，漸漸也會消散流落到舊書攤上，成了另一個「小痴」興高采烈，手舞足蹈的病根了——書痴一族，於焉傳承不絕——常逛舊書店的人心裡都有數，一旦偶逢某人藏書成捆整箱地「大出」，其所代表的意義，若非某「小痴」痊癒了，就是某「大痴」身亡了！

「大痴」無藥可救，死而後已。原因是他的痴，乃從娘胎裡帶出來的，類如清人趙翼所說：「吾於史學，蓋為天授」。這些人對書天生好感、敏感，小時候走路上學，地上有錢看不到，見有字紙，非要撿起來看個究竟不可；及其長也，看光圖書館的藏書猶其餘事，經常表演的特異功能是：黑巾矇住雙眼，照樣用鼻子在環壁而立的書架中找出他要的書（你不相信？讀李敖自傳去！）；等到手中有兩三文錢了，一定先買書，後及大餅。三兩天不逛書店，他就覺得不舒服。每逛，必有所得。於是乎居住之處，書架滿了堆床鋪；床鋪淹沒了，還有地上。這裡一堆，那裡一堆。人不堪其憂，他也不改其樂，還得意洋洋地說：「丈夫擁書萬卷，何假南面百城！」——請特別注意，他所得意的是「擁書」而非「讀書」，於是乎，我們又可知道，原來古今中外書痴之病，都是出自同一病毒的。君不見1494年布蘭特（Sebastian Brant）那本著名的寓言詩《愚人船》卷首那位置身書堆，鼻架眼鏡，一臉戇容，左手翻書，右手拿拂塵趕蚊蠅的「書呆子」（Buchernarr）：

這裡是一個不願意直接面對世界的人，反而依賴印刷頁上的死文字。「我是第一個爬入這艘船的人，」布蘭特愚蠢的讀者說：「這並非沒有理由。對我來說，書本就是一切，甚至比黃金珍貴，／我在這裡有偉大的寶藏，對它我一字不解。」他承認，身處在引經據典的博學者之中，他很希望能夠說：「這些書我家裡都有。」（見阿爾維托・曼古埃爾〔Alberto Manguel〕《閱讀地圖》〔*A History of Reading*〕，台北：商務，1999年。頁460。）

或者因為想跟那些「引經據典的博學者」一較高下，或者是想找個「讀書就能謀生，買書理由正當」的工作，書痴由小尾轉大條，病情由淺轉深，良性變惡性的關鍵，往往就是「入錯行」。一旦而選擇以教書為業，或甘願編輯過一生，病

情加劇，勢所難免。「買書無罪，買多有理」，又買又讀，癮頭更大。近代學者聞一多正是典型代表，買書藏書讀書之餘，寫書編書還不夠，乾脆提起畫筆，自己裝幀設計封面了。抗戰時，執教西南聯大，除了上課，就是躲在「書，書，書，都是書！」的小閣樓自得其樂，幾乎連樓梯都不下一步，此樓於是被冠以「何妨一下樓」之名，詩人也成了「何妨一下樓主人」了。主人大名垂宇宙，除了「不下樓」，少年時也曾讀書讀到蜈蚣爬進鞋子裡都不曉得。結婚之日，猶然穩坐書齋，不動如山，最後被連拉帶扯架出來拜堂完婚，更是讓人非常匪夷所思：閨房之樂，有甚於畫眉者。難道竟是，看書？

從Bibliomania 到 Bibliokleptomania

愛書愛到忘了結婚，即使誇張，仔細一想，卻屬於情理之內（報載不是還有打麻將或做實驗做到忘了結婚的嗎？）。更嚴重的是，因愛成痴，痴而忘我，見書不見人，我的就是我的，別人的也是我的，因為Mania（瘋狂）這一共同字根，Bibliomania（藏書狂）轉而成為Bibliokleptomania（偷書狂）了。

「偷書狂」跟「雅賊」不可同日而語，其道理就像大盜「廖添丁」不能視為「闖空門」的小賊一樣。「偷書狂」眼中所見，心中所念，珍、善、孤本之外，不作他想。其手法則巧取豪奪，一如亞森羅蘋之足智多謀。清人錢遵王經眼宋版元槧無數，手自題抄評比，撰為《讀書敏求記》一書。祕之枕中，絕不示人。同為藏書狂的朱彝尊聞知後，「哈」得要命，懇求拜託都無結果，不借就是不借！朱彝尊心一橫，「乃置酒，召諸名士高宴，遵王與焉。私以黃金及青鼠裘予其侍史，啟篋得之。倩署廊吏數十，於密室半宵寫畢。」調虎離山鴻門宴，精彩絕倫，簡直就像電影情節一般。

朱彝尊份屬「偷雞還要蝕把米」的「妙賊」。至若純為勞動，他無成本的「怪盜」，歷史上也不鮮見。十九世紀上半葉躋身法蘭西學院院士之列的利百里爵士（Count Libri）就是頂惡名昭彰的一位，據說他偷騙拐得的古籍珍本，不計其數。但他畢竟還是個學者，需要為偷竊之母，勉強也說得過去。數來數去，真正「前不見古人，後難見來者」，只為偷，而不及其他的，還屬二十世紀美國的史蒂芬·布倫伯格（Stephen Carrie Blumberg）：1970年，高中畢業的他開始偷書，二十年間偷遍美國45州、哥倫比亞特區和加拿大二個省。1990年落網時，「布倫伯格藏書」擁有23,600種珍貴書籍和手稿，重達19噸，價值530萬美元。聯邦調查局用了879個紙

箱才從他在愛達荷州的「書寨」中清走所有的「贓書」。書痴不死，大盜不止。是耶非耶？

好痴與壞痴

書痴到底是好還是壞？這件事同樣難說。人生過猶不及，病態與正常往往僅是一線之隔。雅趣佳話，一不小心就會成了惡俗的大壞事了。太太把僅餘的一點點錢，叫他出去買頓耶誕晚餐，他帶回來的不是火雞，而是一本詩集，還振振有詞地告訴餓扁肚子的老

德國畫家Karl Spitzweg（1808-1885）之作《The Bookworm》。（家西書社提供）

婆：「買大餐，明天就吃完了，快樂隨之而去；買詩集，我們再活五十年，每天看，每天快活！」這是痴得可愛，痴得無甚大害。要是像某位財大氣粗、不幸而「愛買書」的「非典型」傢伙，一擲千金，節節進逼，終於從拍賣場中搶回善本古籍，隨即獰笑而滿足地付之一炬，原因是「如此一來，我家那本就是舉世孤本，別人再也無法擁有了！」這種人，「焚琴煮鶴」不足以形容其惡，「碎屍萬段」也難贖其罪。他不痴，他根本壞透了——我是正牌書痴，所以我知道！

本文作者為資深編輯人

「偷書狂」眼中所見，心中所念，珍、善、孤本之外，不作他想。其手法則巧取豪奪，一如亞森羅蘋之足智多謀。

書痴的種類

剖析
各類書痴的
戀書型態。

1. 面目模糊的書痴

這一類書痴,最大的特色就是「愛書」。但他們最不明確的特色也在於此,到底是愛書的本身呢?還是愛讀書呢?有多麼愛呢?好像說了,又好像什麼都沒說。如果你聽到誰是一個「愛書人」,很可能就是這一類面目模糊的書痴。

2. 書呆子型的書痴

這一類書痴,也許也很愛收集書,但很明顯地,愛讀書的程度突出得更明顯。捧書走讀,撞到電線桿的人,是這種人;讀書讀到傾盆大雨潑在身上都毫無所覺的人(東漢時代高鳳流麥的故事),也是這種人。

3. 粗魯的書痴

這一類的書痴追求的是書的內容,而不是書的外貌。他們急於吞嚥書的內容,而不在意書的本身遭到何種對待。甚至,他們認為書籍的外貌越破舊,越能證明他們對書的熱愛。《愛書人的喜悅》(*Ex Libris*)的作者安・法第曼(Anne Fadiman)就這麼認為:「磨損的厲害非但不表示不敬,還是有肌膚之親的證據。」

更嚴重的,他們只為了方便帶著書到處閱讀,不惜把書拆個四分五裂。安・法第曼的父親就是個例子,他搭飛機時閱讀的平裝書,讀完一章就撕一章。

當然,在書上做筆記,東畫畫西畫畫,更不是這類書痴所會在意的。總之,他們都是粗魯的書痴。

4. 溫柔的書痴

相對於粗魯型的書痴,他們對待任何一本書都像是對待自己心愛的情人。買書的時候,就一定要以自己的獨門秘訣來精挑細選。買回家要包書皮,書皮上要親手寫上書名,或幾個字。

文—莊琬華
插圖—吳孟芸

他們收藏的書不見得一定有多少數量，但都會溫柔對待。

5. 柏拉圖書痴

也許是擔心漂泊於世，藏書成了負擔，也許是因為要讀的書實在太多，收不勝收，有一類書痴，著重把書籍所有內容都放到腦中，而不收藏書的本身。

他們通常都有過目不忘的本領，將書中所言，牢牢實實地儲存在腦海中。即使數十年前在某本書中驚鴻一瞥的典故，都能知曉出處。像錢鍾書就是一個例子。他學富五車，但主要使用的卻是圖書館。

6. 理性的書痴

巴斯班斯（Nicholas Basbanes）在《溫和的瘋狂》（*Gentle Madness*）一書裡說：愛書人（Bibliophile）是書籍的主人，藏書狂（Bibliomaniac）則是書籍的奴隸。愛書人就是理性的書痴。

中文有關對書的迷戀的一些說法：

一，只描述沉迷書籍，但不加評語，而比較中性的說法

書淫：《晉書‧卷五十一‧列傳第二十一‧皇甫謐傳》：「（皇甫謐）耽翫典籍，忘寢與食，時人謂之書淫。」

書癲：喻指讀書入迷的人。陸游有詩〈寒夜讀書〉：「韋編屢絕鐵硯穿，口誦手鈔那計年，不是愛書即欲死，任從人笑作書癲。」

書迷：沉迷書籍之人。例曰：元末宋濂，家貧無力購書，只好到處借書，除了讀書之外還會抄書，即使天冷，硯臺結冰，手指僵硬，也不罷休，時人稱之為「書迷」。

二，強調沉溺於讀書，而不懂融會貫通，或不通人情世故的說法

書痴，又稱「書呆子」：《新唐書‧卷九十五‧竇威傳》：「威沉邃有器局，貫覽群言，家世貴，子弟皆喜武力，獨威尚文，諸兄詆為書痴。」

《紅樓夢》第七十五回：「可以做得官時，就跑不了一個官的。何必多費了功夫，反弄出書呆子來。」

蠹書蟲，又稱「書蠹」：唐‧韓愈〈雜詩〉：「古史散左右，詩書置前後。豈殊蠹書蟲，生死文字間。」

三，聽來稱讚書讀得多，隱含著死讀書意思的說法

書簏、書櫥（兩腳書櫥、立地書櫥）、著腳書樓

四，聽來可怕，但是別有含意的說法

書魔：生於清乾隆時代的黃丕烈，畢生與書為友，買書藏書鑒書校書刻書編目題跋，癡絕為書，不計千金。最喜自稱為「書魔」，另有「佞宋主人」、「宋廛一翁」等等稱號。

他們最少在一定程度上是愛讀書
的，然後他們也愛收集書。收集到一
定程度，也懂得、捨得和別人交
換、交易，甚至捐獻出去。

7. 炫耀的書痴

這一類書痴，通常都很富
有。但也可能是富有帶來的空
洞或空虛，使他們樂於成為炫耀
的書痴。

通常，他們都有專人幫助他們
收集各種珍奇
的書，因此他們的
藏書有時候會令人嘆為觀
止，比之價值昂貴的珠寶或骨董不遑多讓。所以他們非常高
興地接受別人的驚嘆。

他們也許是暴發戶，不過千萬不要把他們和一些家裡
富麗堂皇，一排排書架上只能看到一些精裝本古典文學名著
的人相提並論。他們對待書的層次還是高許多的。

8. 戀物的書痴

當他／她的手指輕撫過那封面上的燙金字體後沾染細
微到不能再細微的金色粉末，或者翻閱時身體輕微顫動的興
奮，這本書就必須是他／她所有，因為那書籍的美已經控制
了他／她的心思，又或者他／她不能讓作家任何一冊作品有
所闕漏，或者套書不全，所以他們必須擁有、收藏齊備才能
安心，對那些書籍，用盡全心呵護、照顧，深怕汗漬、空氣
侵蝕他們的聖物，於是那書櫃成為如深宮大院的嚴密禁區。

他們也許富有，也許只是中產，也許甚為拮据，但是，
他們有一個共通點：對於書籍，有著不只是溫柔的執著。

英文有關對書的迷戀的一些說法：

aesthete 【人】（大學的）勤學者〔書呆子〕
aesthetic 【人】（大學的）勤學者〔書呆子〕
aliteracy 【人】書盲（識字，但不喜讀書）
bibliographer 【人】書誌學家，書目編製者
biblioklept 【人】偷書人，書賊
bibliolater, bibliolatrist【人】書籍崇拜者，（尤指）
《聖經》崇拜者，《聖經》狂信者
bibliomania 【事】（收藏珍本書的）集書狂，
藏書癖，對於書籍的擁有或獲取有強烈的欲望
bibliophile 【人】書籍愛好者，書籍收藏者
booklover 【人】珍愛書籍者，愛書的人
bookworm 【人】讀書迷，書呆子，會花很多時
間閱讀、學習的人
book hunter 【人】搜求古書〔珍本〕者
philobiblist 【人】喜愛書籍者
bibliopole 【人】書商，（尤指）珍本
bouquiniste 【人】舊書商
pedant 【人】賣弄學問的人，書呆子；空談家
book louse 【動】竊蠹科昆蟲，（尤指）書蠹
（損害古書、標本等的害蟲）
deathwatch 【物】竊蠹科昆蟲，（尤指）書蠹

9. 瘋狂的書痴

他們不只戀物，他們已經瘋狂。

也許，這種瘋狂表現在不惜傾家蕩產的搶購；也許，這種瘋狂表現在他偏要進入一些別人不敢試探的禁區──偷書。

10. 靈肉合一的書痴

在藏書和讀書之間有著平衡，在粗魯和溫柔之間有著平衡的人，是靈肉合一的書痴。《閱讀地圖》的阿爾維托・曼谷埃爾說，讀書時候是眼耳鼻舌手五官並用，看不過癮，還得聽那翻動書頁的聲音、朗讀者的聲音，要聞那熟悉的書的氣味，要觸摸那充滿智慧語言的紙頁，甚至用舌來感覺書的味道。

11. 書在人在，書亡人亡的書痴

鬻一莊買一書尚不足稱奇，終有書痴，以性命與書相隨。鐵達尼號沉沒的時候，船上有一位當時非常著名的美國藏書家哈利・威德拿，就與他此生買到的最後一部書一起葬身大海。中國也有一位黃宗羲，一輩子蒐集金石古文卻被付之一炬，傷心之餘，沒過多久就隨書而逝。

12. 給書延續生命與創造價值的書痴

有些書痴，除了自己藏書、讀書之外，還擁有高人一等的專業知識，精於版本、目錄、編校，因而使他們的藏書更增身價，自己的著作也佔有一席之地。

清朝乾隆年間的黃丕烈，自稱「書魔」，一生買書、藏書、鑑書、校書、刻書，為書編目、題跋，只要他收藏校刻的書，都成為珍品，「顧批黃跋」成為古書圈的評鑑標準之一，「黃跋」即指黃丕烈的題跋。近代的聞一多與魯迅，都是除了收藏、鑑賞、書寫之外，還會親手裝幀書籍，為書籍增添價值的人。

還有些書痴，對於書的熱愛與收集，不是只為了一己之私，而是為了將重要但散佚失傳之書盡力保留、重新出版，披諸大眾。如本書第14頁所談的鄭振鐸就是一個例子。■

偷書者的祕密文件

不合法的佔有，
就像婚外的戀愛
一樣，
對某些人士
有種難以
抗拒的力量。

文—陳嘉新
插圖—吳孟芸

以下是我從戀書癖者台灣區分會的文件收藏間，找出來的某次特別演講書面記錄。演講的時間地點不詳，沒題目，甚至連主講人是誰也不知道，不過看起來似乎並不是很久以前的事。咦，這樣說起來我應該要聽過這場演講的消息才是，不過分會的行動一向隱密，加上小團體林立，前陣子還剛成立「戀書癖者與書自拍」小組，說要將自己與愛書的自拍照片放到網路上，所以我想也許是某個特別小組最近的活動吧。

雖然沒題目，不過就內容來看，這大抵是在說偷書的事情，我姑且給它一個題目好了：〈偷書面面觀──以及與戀書癖者之關聯與其他〉，真是一個完全沒有指涉卻也指涉一切的題目啊。不管他，以下是全文：

各位同好：謝謝你們給我這個機會講講偷書的事情。偷書有兩種成分，「偷」與「書」，我見到底下有人噗哧笑了出來，是的，這種分析法則實在素樸得可笑，不過百分之九十九的人類心智都是這樣想事情的，其他的百分之一要看機會與運氣；運氣好的，就像那位教授一樣，可以在學術殿堂裡混口飯吃，運氣不好的就會到精神病院裡面。不過我要強調的是，偷書人不等於戀書癖者，我看到底下你們很多人都紛紛點頭，是的，偷書人的國家與我們並不同，但是這並不能否認我們當中一定有些人有雙重國籍。

所謂「偷」，我們姑且界定為「不合法的佔有」。然而，你可以佔有一本書的身體，你也可以佔有一本書的靈魂，就像在座已婚人員當年對另一半所做的那些事情。然而不合法的佔有，就像婚外的戀愛一樣，對某些人士有種難以抗拒的力量，各位或許念過《麥迪遜之橋》吧，有時候，這種短暫的激情最是讓人難忘，像是一種對於貧乏生命的激情對抗。不過，大多數人偷的目的都是希望天長地久，可不是曾經擁有。有一種人是所謂的偷竊狂，他們沉浸在偷竊前後的衝動與樂趣裡，基本上這是一種消解衝動所帶來焦慮的解決辦法，他們的重點不在於書，有時他們興之所至，也可以偷一些花盆啦、機車大鎖啦這些不知道拿來幹麼的東西。這種人就算偷書也不見得會念，基本上在

慾望滿足以後，他們往往會因爲隨之而起的羞恥感而想辦法湮滅證據。這種「偷」我姑且稱之爲暫時性的偷吧。

　　然而，大多數人偷書是爲了據爲已有，雖然不見得是一生一世，至少也是一段比較長的時間。這種偷兒有些是出於對書本的熱愛，這些人很有可能就是我們當中的一位；就像看到嬌豔欲滴的美人，就忍不住要一親芳澤的慾望，甚至想結爲連理，共度一生。這就是我說的，戀書癖者與偷書賊有時只是一線之隔。在這種偷竊行爲中，偷可以有不同層次的定義，有些人是直接弄回家裡放，有些人是向圖書館借書出來後，就開始拷貝——願主憐憫，讓所有大學旁邊的影印店都永續經營——，再把書還回去。這或許可以比擬成有人把美人娶回家，有人只是訂做個美人雕像，然後每天撫摸端詳。

　　所謂「偷」還有另一種隱喻性的涵義，它可能是由國家發動的集體偷竊計畫。在座比較年長的可能還記得六一二大限，受到其他國家對於智慧財產權的要求，台灣進行了著作權法的修正；記得是某年的六月十二日以後，所有未獲得正式版權許可的書籍將不准出版出售，換句話說，海盜版書籍從此轉爲地下版。這個事件或許可以當成是某種對人類智性的尊崇行爲，但是同時也引發對於智慧是不是公共財的討論。這些不是我今天的重點，我要說的是，在政府還沒有明令禁止之前，我們是如何享有這種知識的喜悅以及隨處唾手可得的書本，而當時的政府基本上是容忍這種集體偷竊的。我看到在座有些資深會員開始擦拭眼淚，相信我，我也一樣懷念那段美好的時光，那段不用太多金錢就可以換取知識與書籍的歲月。

　　我們現在來到「書」的主題。這邊書所代表的也不只是那種有脊椎（Spine）的，不會動的動物。甚至可能是一份重要文件，或者是我今天的演講稿。

　　我這邊舉出一位不知名的美國作者列出的十大偷書名單，讓大家參考。大家猜一下，最常被偷的書第一名是什麼？……日本AV女優寫眞集？這位會員愛說笑，我說的是美國的訊息，台灣似乎沒有這種統計吧……性愛寶典？是的，這是有的，不過它排第二，不是第一名……我想大家都猜不到吧，第一名是《聖經》……前面幾位請把地上眼鏡撿起來，是的，我沒說錯，是《聖經》。

大家能想像這件事情嗎？我自己覺得很難，也許在座的人類學家可以做個田野調查，不過我想要找出這些偷《聖經》的人大概就不太容易了。偷竊大概不是可以獲得救贖的方式，但是《聖經》卻能帶領信徒走向救贖的道路，當中的弔詭相信大家可以感受得到。不過妓院裡的偷情總比不上修道院裡的出軌來得惹人遐思，我想或許可以當成我們思考這件事情的出發點吧。我自己做過一種偷書的心理研究，當然這是在我剛才講述的分類架構下進行的，我的發現是……

搞甚麼飛機啊？底下沒有了！！

我不是在說紀曉嵐與太監的機鋒相對，而是很確實的一件事情：底下的文件沒有了，一定有人偷走了。

我應該要向分會舉發這件事情嗎？我為了接下來可能有的精采研究成果而感到苦惱，我多麼想揪出這個偷書賊痛打一頓，逼他交出缺失的部分。可是，這樣子我要怎麼解釋：這份不准攜出文件收藏間的祕密文件怎麼會躺在我家的書桌上呢？■

本文作者為桃園居善醫院精神科主治醫師

美國偷書排行榜Top 10

1978年普林斯頓大學圖書館做過一個統計，他們發現圖書館失蹤書籍多達4%，分館的比率更驚人，有10%，失蹤的原因包括放錯位置、逾期不還，當然也包括被「愛書人」偷去。作家John Maxwell Hamilton根據非正式統計，列出美國最受偷書者歡迎的十大好書，結果如下：

第1名：《聖經》——最理想和最容易下手的地方是飯店房間。

第2名：《性愛的聖經》（*The Joy of Sex*）——反映每個人對自己的性吸引力都持著自我懷疑的態度。

第3名：《*Practice for the Armed Services Test*》（以及各類How-to書籍）——這類書通常都上不了書店銷售排行榜。

第4名：《*Curses, Hexes, and Spells*》——根據英國的一個統計，這種巫術書的需求比以談性為題材的書更大。

第5名：《*Steal this Book*》——Abbie Hoffman所寫的這本書堪稱「反現存社會體制」，是同類型書籍中被偷得最多的一本。

第6名：《*Standard Federal Tax Reporter*》——此書經常成為法律系學生偷走的對象，研究發現好學生的偷書傾向比所謂的壞學生更大。

第7名：《*The Encyclopedia Britannica*》（以及各類超昂貴的參考書）——標準藏書策略是走遍各大圖書館，直至集齊一套為名。

第8名：《*The Red Pony*》——當老師要求學生選讀偉大的文學作品時，圖書館管理員便要開始打起十二分精神，尤其像這本易讀易明的文學作品。

第9名：《*The Birds of America*》——偷書人無懼此書的超重份量（高度距離地面4.5呎）照偷無疑，曾經有一位笨賊在偷此書時弄至頭破血流。

第10名：《*The China Lobby in American Politics*》——當年國民黨支持者偷天換日，把Ross Koen挑戰國民黨權威的一本書從各個圖書館偷去，然後再把此書混在其中，神不知鬼不覺。（編輯部）

參考資料：《*Casanova Was A Book Lover*》P.175〈Best Stolen Books〉

溫和的瘋狂

愛書癖者
若是遇到
一見鍾情的
對象，
那眼裡
不僅僅是容不下
一粒沙，
甚至可以是連周圍
都黯淡下來，
只見著
這書發的
光芒的。

文—陳嘉新
插圖—吳孟芸

精神醫學上對於戀物癖（Fetishism）的定義是「依賴某些無生命的物件，作為性興奮與性滿足的刺激」，一般歸為性心理障礙的一種。有學者認為這種對於性變態（Sexual perversion）的關注出自於十九世紀維多利亞時期的壓抑心態，也有學者認為這是當時正常化（Normalization）的權力網絡作用使然。當然，在強調多元價值與性欲解放的當代中，就算有這樣的性偏好，通常也可以找到適當的生活空間自得其樂，不需要恓恓惶惶地找心理醫師來告解一番。

二十世紀初，英國的靄理士（Havelock Ellis）認為戀物癖中的所戀之物（Fetish），往往具有性的象徵意義，他對於十九世紀末撰寫《性精神病理》（*Psychopathia sexualis*）的克拉夫特－艾賓（R. von Krafft-Ebing）將戀足癖視為被虐狂的變形，則深深不以為然。當然說到戀物癖，佛洛依德是不能省略的。他從1905年的《性學三論》以來，就不時對於戀物癖這個議題多有申論，直到1927年，在他著名的〈戀物癖〉一文中，將戀物癖的根源連結到小男孩的閹割恐懼上，認為是男性成長過程中發現女孩子沒有陰莖，而將所戀之物當成是戰勝閹割恐懼、以保護自己不受閹割的代替物，也是一種器官的取代物，這樣的作用可以「防止戀物者變成同性戀」。想想當時的世界充斥著歇斯底里的女性與性變態的男性的景象，果然是美麗時代（*la belle époque*）的寫照。

當時的所戀之物往往是身體的一部分（像足部）或者是某些身上的衣物（如鞋子），當然偶爾還會遇見動物皮毛或者是運動帶（Athletic belt）之類的東西。然而對於書的愛戀，卻好像從來沒進到醫學討論的範圍裡面。這矛盾是直到我加入「戀書癖者台灣區分會」之後（註），才知道這是為了保持本結社的祕密性所必需的策

略，所以我這篇文章，可能會因為揭露了某些癖好者的極致快樂而讓自己招來殺身之禍。

高潮後的幸福感

在《閱讀的狩獵》一書中，曾提到陳蒼多教授自述在心愛的書前勃起的事情，這當然是族群成員的真實寫照。戀書癖者的性興奮或者性滿足當然不只有生理層面的勃起衝動，更多時候是心理層面的表現，類似高潮後的幸福安適感。族人們通常在日常生活中大都是安靜羞怯的，每每在舊書攤或書店裡面錯身而過，在短暫的四目相視中從對方眼中的熱火確認彼此的階級與屬性。當然，偶爾還是有豪氣干雲的大戶加入，砸下銀子買了《四庫全書》全集之類的大部頭。不過基本上這個祕密結社，結構上還是一個低分貝的封閉社會，巧妙地與所謂的現實世界嵌合在一起，甚至在網路書店發達以後，開始更加孤立起來。如果還是不太清楚我說些什麼，不妨可以參照艾可（Umberto Eco）的《傅科擺》（*Foucault's Pendulum*），他是義大利波隆納分會的戀書癖騎士團首席武士。我去過據說是他寫作《玫瑰的名字》靈感來源的瑞士聖蓋倫教堂，也參觀過那裡遺留的中世紀修士手抄聖經與其他羊皮書籍，狂喜中居然有死在那裡的衝動。

對於戀書癖者而言，書本的誘惑一如女人，也可以為了分析方便而區分成內在與外在的條件。所謂的內在條件指的是這本書內容對於該戀書癖者的意義，例如前兩年重印的精裝版克雷培林（Emil Kraepelin）英譯本全集，儘管只是德文著作中的一部分，對於精神科醫師卻是難以克制的誘惑；當然，也有人是喜歡佛洛依德標準版全集的。不過針對後種人，我會建議他把德文版、法文版、英文版都買來做版本比較，當中樂趣不下於看著愛人在眼前上演時裝秀。

外衣底下的春光

另外一種是更具感官愉悅的外在條件。書籍的裝訂、封套的設計、書皮的圖案、紙張的厚薄、印刷字體的選擇、油墨的味道，在在都構成每個戀書癖者的致命吸引力。這時候各家胃口也有所不同，有人喜歡新鮮貨，喜歡看著銅板紙上印著色層清晰的圖片，像是少女嬌嫩欲滴的臉龐；有人喜歡二手貨，喜歡在泛黃的書頁上看到前人留下的標記或畫線，像是熟

每每在舊書攤或書店裡面錯身而過，在短暫的四目相視中從對方眼中的熱火確認彼此的階級與屬性。

女歷盡滄桑、閱人無數的成熟風韻。新書抓捧起來就得小心，處子細膩雪白的身軀容不得五通神的粗暴相向；若是舊書，雖不用擔心自己的口水染髒了書頁（反正之前已經很多口水漬），但是總覺得這書風燭殘年，怕來個大動作便斷筋錯骨，終不免一命嗚呼。對於所愛，再怎麼疼惜都不為過，愛書癖者若是遇到一見鍾情的對象，那眼裡不僅僅是容不下一粒沙，甚至可以是連周圍都黯淡下來，只見著這書發的光芒的。

編輯來電要我寫一篇戀書癖的文章時，我剛好收到國外買來的書，1920年紐約MacMillan出版社出的Pierre Janet《歇斯底里的主要症狀》（*The Major Symptoms of Hysteria*）。泛黃的首頁上有著歷任書主的簽名，算一算我至少是第四手的持有人。儘管如此，歷經八十多年的書頁依然閃耀著迷人的色彩，淡淡紙味仍讓人聯想到當時剛出印刷廠的油印墨瀋，我口裡回答著編輯的電話，手指卻忍不住顫抖著翻過一頁又一頁，爬梳過字裡行間的聲音與意涵，像是剝開繁複的外衣，貼近著端詳皮膚的肌理。我享受著這種具體卻也形而上的至高歡樂，甚至不太確定是否有記錯編輯的文稿要求。

所以如果讀者你們看到這一篇文章，請原諒我滿頁的囈語。我那病又發作了，不知道這是什麼病的人請去看Nicholas A. Basbanes的書《溫和的瘋狂：愛書人、戀書狂以及對書的永恆熱情》（*A Gentle Madness：Bibliophiles, Bibliomanes, and the Eternal Passion for Books*）；如果其他的戀書癖者看到了我的文字，可以在附近的書店裡面找找看那些購書常客，看看還能不能報名，「戀書癖者台灣區分會」還有缺額。

註：如果你現在準備要用Google查戀書癖者的祕密結社，那麼請先讀一下Umberto Eco的《誤讀》和《帶著鮭魚去旅行》。

本文作者為桃園居善醫院精神科主治醫師

【延伸閱讀】

安伯托·艾可（Umberto Eco）著，謝瑤玲譯，《傅科擺》（*Foucault's Pendulum*），1995年，皇冠出版。

安伯托·艾可（Umberto Eco）著，謝瑤玲譯，《玫瑰的名字》（*The Name of the Rose*），2000年，皇冠出版。

赫夫洛克·靄理士（Havelock Ellis）著，潘光旦譯注，《性心理學》，2002年，左岸出版。

Basbanes, Nicholas A.（1999）*A Gentle Madness: Bibliophiles, Bibliomanes, and the Eternal Passion for Books*（New York: H.Holt），或者到他的網站 http://www.nicholasbasbanes.com

Foucault, Michel（c. 1980）*History of Sexuality*, Vol. I（New York: Vintage）

Freud, Sigmund（1953）*The Standard Edition of Complete Psychological Works of Sigmund Freud*,（London: Hogarth Press）

Kraepelin, Emil（2002）*Lifetime Editions of Kraepelin in English*（Bristol: Thoemmes）

von Krafft-Ebing, R.（1965）*Psychopathia Sexualis*（New York: Paperback Library）

手指卻忍不住顫抖著翻過一頁又一頁，爬梳過字裡行間的聲音與意涵，像是剝開繁複的外衣，貼近著端詳皮膚的肌理。

毛氏之書走天下，供奉子孫喝好茶

《我們的知識遊戲》

文—張大春

說起毛晉，得先從他師傅錢謙益說起。錢謙益這個人，正人君子沒有甚麼好話，即便再愛他的才，羨慕他和柳如是的一段深情仙緣，也會為他先後從從容容侍奉明、清兩個王朝而覺得不安。非徒此也，錢謙益還暗中支持江陰黃毓祺打游擊，力圖恢復明室，鄭成功打金陵，錢謙益也曾作詩禮讚：「王師橫海陣如林／士馬奔馳甲仗森／戒備偶然疏壁下／偏師何意隳義陰／憑將按劍申軍令／更插韛刀徹士心／野老更闌愁不寐／誤聽刁斗作秋砧。」說直了，他就是歷來朝代交替之際的降族代表，與危素、洪承疇是一等人，史稱「貳臣」。但是他學問大、詩文好，而且還是個藏書大家。

錢謙益有個學生，叫毛晉，原本就愛書、藏書，日後受了錢氏絳雲樓藏書的影響，更傾家蕩產從事刻書、藏書事業——不過他這傾家蕩產是準確的投資，一舉而下，獲利極豐，等刊刻風行之後，回收十分可觀。毛晉（1599～1659），原名鳳苞，字子九；後易名晉，字子晉。別號潛在、隱湖等，室名綠君亭、汲古閣等，江蘇省常熟縣昆承湖七星橋（亦名曹家浜）人，明末清初著名藏書家和出版家毛晉終生刻書，為了刻印圖書，鞠躬盡瘁、死而後已。他在刻完《十三經》、《十七史》之後說：「回首丁卯至今三十年，卷帙從衡，丹黃紛雜，夏不知暑，冬不知寒，畫不知出戶，夜不知掩扉，迄今頭顱如雪，目睛如霧。」晚年時他對季子毛扆說：「吾縮衣節食，遑遑然以刊書為急務，今板逾十萬，亦云多矣。」

丁卯，指的是明熹宗天啓七年，西元一六二七～一六二八年。當時毛家原有幾千畝的田產、以及十多所質庫（當鋪），稱得上是一方豪富了。是時，窮苦無著的農民迫於生計，四出打家劫舍，成了流寇，他們最痛恨的便是坐擁大批田產、卻不事耕作的地主和豪商。毛晉恰恰身兼二者，這種累世的富豪窮幾代之力所汲汲營營者，多是如何保有和開拓財富。聞聽盜警軍興，苦惱得不得了——至少，一部偌大的家產毀在他這一代上，也是無面目見先祖於地下的事。就在這個時代，一僧、一夢以及後來的一丐，經由三次啓示，解決了他的問題。

振貸貧民

《養正圖解》中的版畫出自明朝畫家丁雲鵬手筆，初版刊刻於萬曆二十二年（1594年），五年後，毛晉出生。圖中情景反映出當時的社會現象，而距離毛晉「放賑何如教刻書」的時間（1642年）則相距約四十八年。

根據嚴炳《溁川擷波志·毛氏刻書》一則記載，有個雲水僧，於天啓六年（丙寅）經過常熟，忽然登門求見。毛晉並沒有像尋常財主們一般叫下人打發一頓粥飯蔬食、賞幾文青趺就算了。和尚談興頗佳，毛晉也誠心誠意樂意同他說東道西。如此兩個時辰過去，眼看又要擾一頓，毛晉也無不懌之色，反而要邀這僧人一同用飯。和尚忽而斂容正色道：「你有多少身家，可以一頓吃了、復吃一頓呢？」

毛晉一時沒有意會過來，正要請教，和尚卻道：「將家產讓了飢民豪客，不過是裏腹充腸於一時而已，如何算得了功德？」毛晉此時心知其異，想這僧來得蹊蹺，必有不凡之教，遂當下一頂禮，道：「身當亂世，為人子孫，唯願不辱沒先人而已。」那雲水僧笑道：「那麼為人先祖，就無意庇蔭子孫了？」這，在後世看來，不算是句玩笑話。可毛晉一時沒想那麼多，祇伏首道：「不能打算。」雲水僧便道：「那麼我也祇能同你說半截——大亂將至，卷藏是事；所藏者何？唯善知識。」說完，扭頭就走了。

善知識，梵語kalyanamitra，原來指的是良朋、良伴，後來也用來泛指高僧。毛晉是後來自己一邊刻書、一邊校對、從整理故籍的工作之中長了些見聞，才發現自己當初是誤會了雲水僧的意思，才走上這一行的。原來「善知識」所指的是人，而不是一種知識。大約是讀了《華嚴經·時迴向品八》之後，毛晉才回想、意識到：雲水僧那四句偈語，說穿了就是：在亂世還想保有財產，莫若做個出家人；要不，就是把家產捐給出家人，變為寺產的意思。可是毛晉當時的理解卻

非如此，照據清錢泳《履園叢話‧夢幻》裡的敘述：毛晉在一年之內，把幾千畝的田產、併當鋪一起賣了，所得銀錢全部用來刻書。果然流寇饑民來到了毛晉這裡，非但不大肆劫掠，還敬重他刻書的斯文功德，有的甚至受他的輯撫，成了刻書、印書的工匠徒弟。那正是丙寅年的次年，丁卯。

一僧之後是一夢。這個傳說，也見於《履園叢話‧夢幻》：

「初，子晉自祈一夢，夢登明遠樓，樓中蟠一龍，口吐雙珠，頂光中有一『山』字，仰見兩楹懸金書二牌，左曰：『十三經』，右曰：『十七史』，自後時時夢見，至崇禎改元戊辰，忽大悟曰：『龍，即辰也！珠頂露山，即崇字也！』遂於是年誓願開雕，每年訂證經史各一部，其餘各種書籍，亦由此而成焉。」

毛晉刻本在明末清初的影響是很大的，著名藏書家錢曾稱「啟、禎年間，汲古之書走天下」，其友夏樹芳稱「海內悉知有毛氏書」，可見其發達。毛晉本人特別喜歡宋、元舊本之書，大門上長年掛著個牌子：「有以宋槧本至者，門內主人計葉酬錢，每葉出貳百。有人以舊抄本至者，每葉出四十。有以時下善本至者，別家出一千，主人出一千二百。」

也稱得上是小貳臣的大詩人吳梅村寫過一首〈汲古歌〉，中有句云：「嘉隆以後藏書家／天下毗陵與琅邪／整齊舊文收放失／後來好事知誰及／比聞充棟虞山翁／里中又得小毛公／搜求遺逸懸金購／繕寫精能鏤板工。」毛晉六十大壽的時候，他的朋友們在祝壽詩中亦盛讚毛晉書影響之大，例如楊補詩云：「天下皆傳汲古書／石倉未許方充實／購求萬里走南北／問奇參秘來相率／隱湖舟楫次如鱗／草堂賓客無虛日。」錢棅詩云：「辭林爭紙貴／奇書走八埏／或慕汲古名／積書齊山巔。」陸世儀詩云：「名傳海外雞林識／學重都門虎觀驚。」嚴炳詩云：「萬里購書通尺素／毛板流行若輪轂。」

可見明末清初毛晉刻本享譽海內是不爭的事實。據說藏書鼎盛時期多達八萬四千餘冊。他有兩個書庫。一個叫「汲古閣」，一個叫「目耕樓」。汲古閣專藏宋、元刊及善本書，常見的刊本和抄本、校本則貯於目耕樓。小毛公就一天到晚在汲古閣樓下校書——他一直是生產線上的一環。在那個時代，校對很要緊，老闆非自己來不可。

錢謙益死得晚，甚至晚過他這門生，曾替小毛公撰寫過墓誌銘，說：「故於經史全書，勘鑴流布，務使學者窮其源流，審其津涉。其他訪佚典、搜祕文，皆用以裨補其正學。於是縹囊緗帙，毛氏之書走天下，而失其標準者或鮮矣。」

毛晉校書、刻書，保存了相當大量的古籍，範圍遍及經、史、子、集諸部，唐宋人詩詞曲尤多。根據統計，前後三十年間，他刻了將近七百種書，約六千卷，遠至雲南麗江的土司（木增）都遣使攜金來買。許多古籍僅賴毛本得以流傳。如毛本《南唐書》是明末以來該書的惟一傳本，刻附《渭南文集》之後的其他本子，已經改其體例，析其卷數。《孔子家語》明代罕傳，到崇禎末年，毛晉始據北宋本刊刻行世。《麗則遺音》原刊於錢塘，歲久亡佚，明末毛晉始為重刻。李

善《文選注》自南宋以來多與五臣注合刊,名曰《六臣注文選》,李善注單行本極為罕傳,毛本之外,更無別本。司馬貞《史記索隱》,宋代以後多與集解、正義合刊,單行本除毛刻之外,亦無別本。《說文解字》元無刻本,明刊僅毛刻一種。宋詞創作繁榮在文學史上佔有重要地位。南宋時,長沙書坊所刻《百家詞》早已失傳,明吳訥編《唐宋名賢百家詞》鈔本流傳不廣,而毛刻《宋六十名家詞》是宋代以後大規模刊刻詞集之始,在清代學者中廣為傳誦,清馮煦曾據以輯為《六十一家詞選》。該書也是一九六五年中華書局本《全宋詞》的主要依據之一。《六十種曲》是一部較好的戲曲傳奇選集,其中除少數元人作品之外,大多數是明人作品,它和臧懋循《元曲選》是歷來並稱的兩個本子。

毛晉刻書用紙都特別講究,他稱較為肥厚的紙為「毛邊紙」,較輕薄的紙為「毛泰紙」,起碼到今天為止毛邊紙還是一個常用的稱呼。

據今人曹之〈毛晉刻書功過談〉云:有一篇署名「毛扆」的《宣和高麗圖經跋》述及:「甲申五月從宋中丞借得宋槧本」——顯然是從事校書工作。這裏「甲申」即崇禎十七年(1644),「宋中丞」當指宋犖,明清兩代多稱巡撫為中丞,因宋犖曾任江蘇巡撫,故名。然而,宋犖任江蘇巡撫的時間是康熙三十一年(1692)。宋犖生於崇禎六年(1633),到崇禎十七年(1644),剛滿十一歲,怎麼可能擔任巡撫呢?毛扆生於崇禎十三年(1640),到崇禎十七年(1644),剛滿4歲,也不可能從事借書、校書活動。因此似可斷言,此跋係其他書賈作偽。可見由於當時毛晉刻書影響

是極大的,不法書商居然會冒充毛晉、甚至毛扆的名號,以求贗品得售。

曹之先生還考證出另一篇文字,寄名毛扆,也是偽託之作。有毛扆《詩經闡秘跋》云:「商丘宋公,博學君子也。每見異書,輒焚香誦讀。巡撫江南歷十餘載,境內名人碩士,無不折節下交。戊子春,來登汲古舊閣,羈留信宿,凡閣中所藏書籍,逐一觀覽。及展閱魏師《闡秘》,遂擊節歎賞,以為名人著作,惜未流通,雅欲捐資購得,商榷付梓。余以吾師手授枕秘,多年不忍廢去,且是書之成,歷數載苦功,取材富,考核精,即魏氏子孫尚無從寓目。一旦應商丘之請,不且負吾師之傳乎!後之人其能善體吾志,什襲藏之,則幸甚幸甚。康熙辛卯汲古後人毛扆季氏跋於此靜坐。」

曹之的考證如下:

「此跋有兩偽:其一,『戊子』即順治五年(1648),宋犖時年十五歲,尚未長大成人,何來『巡撫』要職?其二,『魏師』即魏沖,魏沖當過毛晉的老師,卻沒有當過毛扆的老師。按照年齡推算,魏沖死於崇禎十七年(1644),當時毛扆剛剛四歲,四歲之前可能上學嗎?此跋動稱『吾師』,偽也。書商作偽之目的在於借毛晉、毛扆之名牟取暴利。」

不少古籍的毛刻本是傳世惟一的全本。例如明人刻印《武林舊事》往往隨意刪除原作,或六卷,或不足六卷,惟存故都、宮殿、教坊等門,毛本十卷,首尾完具,足資參考。明陳繼儒刻《春渚紀聞》僅有前五卷,而毛晉《津逮秘書》本補其脫遺,始成完書。明《稗海》本《齊東野語》

刪去此書大半，與《癸辛雜識》合為一書，毛晉得舊本重刻，乃成完本。明《漢魏叢書》本《神仙傳》據《太平廣記》所引抄合而成，而毛本據原本重刻，與裴松之《三國志記》引文一一相合。《花間集》是中國文學史上最早的詞總集，坊本妄增篇目，殊失其舊，而毛晉重刊宋本，尤為精審，是難得的善本。李一氓在《花間集·校後記》中說：「（毛本）的好處是目錄完備，雖然刊刻時間較晚（明末），但比起其他萬曆、天啟本子來，還算是規矩的，沒有亂分卷帙、臆改字句之處。」

關於毛刻本的問題，葉德輝《書林清話》卷七說：「毛晉刻書不據所藏宋元舊本。」其實，毛晉刻書大多以宋本為底本，毛晉刻書底本使用古籍善本之例甚多。例如《詩外傳》、《鄭注爾雅》、《後村題跋》、《魏公題跋》、《芥隱筆記》、《孟東野集》、《歌詩編》、《玄英先生詩集》、《松陵集》、《花間集》、《片玉詞》、《史記索隱》、《姚少監詩集》、《樂府詩集》、《吳郡志》、《杜工部集》、《孟襄陽集》、《吳郡志》、《晉書》和《劍南詩稿》等書，均以宋刻本作為底本。今藏國家圖書館宋淳熙十四年（1187）嚴州郡齋刻本《新刊劍南詩稿》，就是當年毛晉刻《劍南詩稿》使用的底本。

毛晉在刻書跋語中說：「近來坊刻寡陋不成帙，劉須溪本子亦十僅二三。甲子秋，得翁子□編輯《劍南詩稿》，又吳、錢兩先生嚴訂天天者，真名秘本也，亟梓行之，以公同好。」可以看出他刻書時對於底本的選擇是慎重的。如果找不到好的底本，寧可不刻。宋周必大別集就是一例。

毛晉在《近體樂府》跋中說：「予於寅卯間，已鐫放翁詩文一百三十卷有奇行世，而益公省齋諸稿二百卷，僅得一鈔本，句錯字清，未敢妄就剞劂。倘海內同志，或宋刻，或名家訂本，肯不惜荊州之借，俾平園叟與渭南伯共成雙璧，真藝林大盛事也。茲近體樂府四闋，特公剩技耳，先梓之以當相徵券。」又如刻印《孔子家語》，毛晉認為明本「經近代改竄，非復古本，今殆亡矣。誓必得之。一念經年，果從錫山酒家得宋版，乃開雕行之。」

關於校勘問題，孫慶增《藏書紀要·鑒別》說：「毛氏汲古閣《十三經》、《十七史》，校對草率，錯誤甚多。」黃丕烈、葉德輝等人也有類似的說法，錢曾甚至「擬作《毛板刊謬》，以是正毛本之失」。

說當然，毛晉刻書眾多，一人難以勝任校勘工作，還招聘了不少文人學士共事丹鉛。為了給文人學士創造一個良好的工作環境，毛晉分別為儒、釋、道三家名流修了汲古閣、雙蓮閣、又一閣三處別墅。

據《履園叢話·夢幻》：「汲古閣在七星橋載德堂後，以延文士；又有雙蓮閣在問漁莊，以延緇流（即釋家）；又一閣在曹溪口，以延道流。」

汲古閣是毛晉收藏儒家著作的地方，博學鴻儒住在這裏極便校書。雙蓮閣居高臨下，極目遠眺，如詩如畫，馮班《重九登雙蓮閣》詩云：「極目平疇闊／南山望裏賒／香風吹早稻／落葉露村家。」毛晉奉和上詩云：「偶安小佛座／儼入老僧家。」可見雙蓮閣供有佛像，是僧人生活的

此一版畫也是出自《養正圖解》，多少可以提供後人對於毛晉招聘士人共事丹鉛時的情景想像。

最佳去處。據錢大成《毛子晉年譜稿》：順治七年（1650）八月，毛晉「結庵於水東之地，顏曰『曹溪一滴』」。據此，「曹溪一滴」當離「又一閣」不遠。

又據清江熙《掃軌閒談》：「（汲古閣）四圍有綠君、二如等亭，招延天下名士校書其中，風流文雅，江左首推焉……許吟亭云：『毛氏有三閣：汲古閣在載德堂西，以延文士；其雙蓮閣在問漁莊，以延緇流；一失名，俗呼關王閣，以延道流者。今俱廢。又有一滴庵，爲潛在父子焚修處。』」據此，「又一閣」又名「關王閣」；「曹溪一滴」又名「一滴庵」；綠君亭、二如亭等在汲古閣四周，也是校書的地方。然汲古閣的位置，錢泳稱在「載德堂後」，許吟亭稱在「載德堂西」，未知孰是。

毛晉到底招聘了多少文人學士？由於文獻無徵，具體數字已不得而知。據繆希雍《神農本草經疏》序：毛氏「集同里門人李枝、通家子雲間康元宏、松陵顧澄先二文學，並其舅氏隱淪戈汕輩，董理校讎，早夜孜孜，惟恐或後，其用意可謂勤矣。」可見參與《神農本草經疏》校勘者有李枝、康元宏、顧澄先、戈汕等人。

據毛晉《重鐫十三經十七史緣起》：「（崇禎元年）遂誓願自今始，每歲訂正經史各一部，壽之梨棗。及築翁方興，同人聞風而起，議聯天下文社，列十五人任經部，十七人任史部，更有欲益四人，併合二十一部者。」可知刻印《十三經》、《十七史》兩部叢書，就打算聘用校勘人員三十四人。

接下來還有那一丐的故事，要從刻書說起。

崇禎五年，毛晉剛在大門口掛上那塊徵求舊刻、善本的牌子。這一天來了個粗犷漢子，背著個大包袱，看外觀，是一、兩床被褥之類的東西，原本不該有甚麼重量。可大冬天的，一泛潮氣，份量就壓人了。此人扛著大包袱來到門首，喊道：「聞聽人說小毛公出重價收書，收我的不收？」毛晉家的司閽也是讀書人，當下請進小門，轉入別院廊下，一指包袱，說：「那就煩請拆開來看看罷。」

那人一愣，道：「你是小毛公？」

司閽的笑了，道：「我是看門的。」

「不是說小毛公要買書麼？小毛公不來，你來幹啥？」

司閽是有眼力的，心想這人不是來鬧事的瘋子，就是別有用意、要見毛晉一面的異人。該不該讓他見，這是後話。起碼得先弄清楚他身上帶著甚麼。於是這司閽一拱手，道：「若有金匱石室、風雨名山之書，自然見得著我家主人，但不知你究竟要賣甚麼書？」

「說給你一個下人，你懂麼？」這犷漢想了想，道：「也罷！我就說一遍與你聽著：都說古來有五經六藝，六藝五經！詩、書、禮、樂、易、春秋，各經都有書，怎麼偏偏這『樂』之為經，不見其書呢？」

「你這被褥裡，藏的是一部——樂書？」司閽不覺要笑，勉強忍住了。可他話還沒說完，但聽得棉被之中傳來一陣悠揚而莊嚴的音樂。好似有數十百以上的樂師，正從遙遠的某處一步一步、有節有序地朝自己走過來。其行步徐舒，鳴擊畫

一，聞之令人心魄盪搖、骨肉觳觫，司閽的笑容就僵在嘴角上了。登時一拱手，算是暫時作別，接著撒開腿便衝裡跑去。

毛家不小，過了大約有半個時辰，司閽並沒有來回報：究竟是見、是不見？反常得很，倒是小毛公親自走出來了。他上下一打量這來人，道：「聞聽家人說：尊价有一部樂書，要賣予我家？但不知書在何處？索價若干？」

犷漢道：「書就在包袱裡，至於索價麼，可以極少，我有一疑，總不得解，祇消你答得出，這樂書是可以送給你的。要是你小毛公答不出，那麼，就算饒上你這一整部家財，也買不起我的書呢！」

「哦？這倒十分有趣，毛子九自負經綸滿腹，應該還生受得起這一考較，就請尊价賜告罷。」

「我還是方才那句老話：都說古來有五經六藝，六藝五經！詩、書、禮、樂、易、春秋，各經都有書，怎麼偏偏這『樂』之為經，不見其書呢？」

毛晉笑了，道：「古來有說樂亡於秦火者，有說樂本無書者。」

「那麼，你說呢？」

「我沒有甚麼新見解。不過是拾掇前人牙慧——竊以為樂本無經，較似成理。」

「『樂正，雅、頌各得其所』、『子在齊聞韶，三月不知肉味』、『天下有道則禮樂征伐自天子出；天下無道則禮樂征伐自諸侯出』、『君子三年不為禮，禮必壞；三年不為樂，樂必崩。』，既然樂那麼要緊，怎麼連一部書都沒有呢？」說到這兒，被褥裡又傳出了鐘磬合鳴的演奏聲。

毛晉一見這情形，知道對方就算不是仙佛菩薩、也是魑魅魍魎，當然不敢怠慢──可也不敢招惹；遂躬身一揖，道：「毛子九浪得虛名，不敢造次議論。」

犰犴猛烈地搖起頭來，道：「崩崩崩！壞壞壞！禮崩樂壞到這麼個地步啦！人都說曹家浜小毛公多麼有學問，多麼有見識，於今看來，不過是一介腐儒而已。」

「讓我告訴你罷：樂，就如同鏡子一般，是映照一時風尚者也。一代人做一代事，故一代人有一代之樂；前代之樂，傳之於後代則謬矣。時已易而事又不同，就算是傳了，也不過個形骸、是個膚廓。所以萬般皆須有經，必以書冊爲之，而樂卻不能有經；必欲以前世之聲傳諸後世，反而是膠柱鼓瑟、刻舟求劍而已。你刻書──想過這個道理沒有哇？」

一般說起毛晉刻書，總是把他場屋不遂的遭遇說在一道。毛晉十三歲童子試及格，是爲諸生，二十六歲時入選爲博士弟子員，此後春闈失意，再也不能更上層樓，而落下個發憤藏書、刻書、校書的癮頭。這話是不錯，可這犰犴的一席話，其實也起了極大的作用──「一代人做一代事」。這是一個很重要的啓發。

在清初，江浙兩省的太湖流域，已經是極其發達的印刷工業中心了。不過毛晉的算盤珠子打得很精，他從不做冒險生意，所以刻多少部書發行，都有十分準確的算計。唯有估算精準，才不至於刊刻了一套書，推到市場上卻沒有足夠的買家；或者是有人來搜求，可書版的印製數量不足，發生供不應求的情形。

這畢竟是一個市場經濟尚未成熟的時代，更是一個沒有普遍讀者支持刻書工業的時代，依照原本的經營模式，毛晉絕對有足夠的資本蒐購任何一部他想要擁有的書、也絕對有能力校刊、發行任何一部他認爲應該廣爲流傳的書。但是，他不大可能發財。

然而，毛晉在崇禎六年春天之後，突然一改其常，做了一個重大的決定──他所刊刻的書突然增加了數倍以上的印量。這是因爲他開始僱請許多經常往來南北的客商幫忙打探商機：有甚麼人、需要甚麼書？請人問這樣的事，並不困難，因爲讀者大都是爲數有限的讀書人──他們是各省裡的舉子，他們需要的不祇是一套一套的經史叢書，還需要能夠簡便攜帶的版本。

此外，還有一種人需要書──非常令毛晉意外的──那就是風塵中討生活的聲妓。她們要讀的絕大多數都是詩、詞、曲集選本。因爲周旋在政客和士子之間討生活的時候，嫖客們總希望她們也是擁有豐富精神內涵的佳人──像傳說中的蘇小小、像姜白石身邊的小紅、像侯方域枕畔的李香君、像錢謙益賺得的柳如是。她們要投資在這些騷人墨客身上的，是自己的才情，而且這樣的資本無法和具有競爭性的同業共享；她們必須擁有各自的「秘笈」。

前引嚴炳的詩：「萬里購書通尺素，毛板流行若輪轂。」很有風韻，其實一語雙關，背後就有嚴炳親身經歷的故事，值得順便一說。

嚴炳在北通州結識了一個妓女叫「乘鴻」，兩人一晌貪歡，別後對方寫了無數附帶著詩箋的信

札給嚴炳，其中有一首：「花經驟雨事經年／頓老脂痕到夢邊／黯淡芳菲鶯喚醒／疑君顧曲過窗前。」這首詩闐傳一時，士林轟動。其實當時乘鴻一共寫了十五首，另十四首大都和催討一部書有關——一部據推測是嚴炳答應送給乘鴻的書《花間集》有關。嚴炳自然不方便廣為傳揚，免得被人笑話他小器；嫖了人家、可連一部答應要送的書都捨不得送。其詩稿後來為京中一禮部郎官所得，才讓人發現了內情。先抄兩首：「為效霓裳瘦綠腰／病酒臨池顧影凋／待老花間愁日晚／拍遍霜楓廿四橋。」「相思抱久慣閒拋／漫惹高枝鵝鵝嘲／此豆南來春日發／花間忍待二月交。」

不消細述：這兩首八句詩都足用了舊詩詞的典故。從白居易的〈琵琶行〉到李後主的的〈鵲踏枝〉，從王維的〈相思〉到姜夔的〈揚州慢〉，字字皆有玄機。隨手擷拾來看：嚴炳前一年北上結識乘鴻，是從揚州出發的，故取〈揚州慢〉詞牌中的「二十四橋仍在」為骨而化之，「鵝鵝」是鵲的叫聲，但是前一句的「相思抱久慣閒拋」用的便是〈鵲踏枝〉「誰道閒情拋棄久」的句意，其精鍊如此。而且乘鴻的每一首詩都用了「花間」二字，其討債功夫也堪稱一譎了。她討的債，不就是嚴炳自己無意間在祝壽詩中吐露的形跡：「萬里購書通尺素，毛板流行若輪轂」。

總而言之，能夠在士子和聲妓兩種人身上發現商機，為毛晉帶來可觀的利潤。一般人都知道他刊刻了許多大部頭的經史子集，其實能讓他賺進更龐大的家產的是新開發出來的需求和市場。毛晉為什麼忽然開竅了？讓我們回到那犷漢——他自稱叫「邊泰」——的身上。這「邊泰」是不

是他的本名，其實仍應存疑——因為就毛晉而言，這人是個天上掉下來的禮物，是個有奇才異能的活神仙，是個先知——非此世界中人。後來之所以有「毛邊紙」、「毛泰紙」應該就是為了紀念這個人，而沒有其它的意思。

邊泰非但把那一段關於「一代人做一代事」的話說了，還授毛晉以「錦囊三訣」。其一就是「士人聲妓欠書讀」，其二是「放賑何如教刻書」，其三是「一代人享一代福」。這三句囑咐據說還真是藏在一個錦囊裡。

話說毛晉聽完那一段音樂和鏡子的訓誨之後，立刻收拾起他小毛公的身段，向面前這看起來滿身襤褸的客人長揖及地，「敢問尊兄高姓大名？何不進去詳談？」

那人客客氣氣答了禮，道：「某姓邊名泰，來此別無他圖，為的就是看你小毛公刻書，有所當為，而無所拓殖，實在得有些個方子。今有錦囊三訣付你，我去之後，可開一訣；你便依言而行，不要違背。十年之後，可開二訣；仍是依言而行，不可拂逆。再過十年，開三訣視之，當有所悟。」

說完蝦腰打從地上一把拾起那包袱，舉到毛晉眼前，居然登時變成了一隻小小的錦囊。毛晉雙手恭恭敬敬地接過來，一眨眼，對方竟倏忽失去了蹤影。毛晉立刻找來陰陽生，檢了個最近的日子，到城隍廟去燒香，返家之後夜得一夢，夢中「有紫衣朱綬者至，為道緣故，亟言文曲星憐子晉輯軼訪失，傳衍聖教，是以下臨，尚授機宜。」（見陳瑚〈篤素居士別傳〉，按：陳瑚是和

毛晉極為親近的友人，曾為作小傳一篇，頗足考信）這段有些神話意味的記載也許不大符合現實經驗，但是錦囊中的秘訣可都發揮了作用——至少一部份的作用。

前面已經說過了第一訣的功果。十年之後，也就是崇禎十五年（一六四二）的時候，兩浙一帶發大水，鄉人飢寒交迫，幾難度日，除夕夜那天毛家一家人正團聚著吃年夜飯，毛晉忽然放下酒杯來說：「此夕不知幾人當病飢，我不忍獨歡笑也。」遂命眾家丁開倉放賑。這時，靈光一閃，毛晉忽然想起來：還有兩三個時辰就是新年了，也就過了文曲星約定要開第二訣的時間了，遂趕忙找出錦囊、打開，還猶豫著：剩下兩訣該選哪一張好呢？轉念忖道：既是天意，何須我來安排？隨手抽出一張，上寫：「放賑何如教刻書」。

毛晉一看就明白了。放賑是救急，不是救窮。如今洪水肆虐，百業蕭條，許多原本靠耕作維生的農民可能會投閒置散好一段時間，不如教他們做些和刊刻書及有關的工作，日後地力恢復，再重操舊業，也不嫌遲。當年蘇東坡治理蘇州的時候發明過「以工代賑」，創造了新的就業機會，讓人在短暫的轉業訓練之後投入了新的生產和經濟體。這「放賑何如教刻書」當然不是教農民都去當雕工，但是汲古閣自此一劫，反而吸收了更多看似廉價，卻十分有效率、也十分忠誠的人力。雷起劍有兩句詩詠此情景：「行野田夫皆謝賑／入門童僕盡鈔書」，可謂寫實。

毛晉有五個兒子，長子毛襄、次子毛褒、三子毛袞、四子毛表和幼子毛扆（音「以」）。毛襄和毛袞早夭，毛扆卻聰穎慧悟，精敏勤學，不但書讀得好，也和他父親一樣，喜歡蒐求古籍，能專心致志，從事繁瑣艱難的校勘工作——這一點，他做的比毛晉還出色，因為他從小潛心文字訓詁聲韻考辨，幼學過於其父多矣。

又過了十年，毛晉的長孫出生，文曲星給的第三訣也給打開了，是那句：「一代人享一代福」。毛晉忽有所悟，特別雇請最好的雕工給刻了一方內容包括五十六個字的大印，其中四十八個字是元代的大書法家趙孟頫（松雪）在家藏《梅屋詩稿》卷末所寫的跋語，既是趙孟頫告誡子孫的話，也是毛晉惕勵子孫的意思：

「趙文敏公書卷末云：吾家業儒／辛勤置書／以遺子孫／其志何如／後人不讀／將至於鬻／頹其家聲／不如禽犢／若歸他室／當念斯言／取非其有／毋寧舍旃。」

不過，毛晉那一年出生的孫子很給文曲星爭氣：因為他是個紈褲——他要是不紈褲，就顯不出文曲星的料事如神來了——這小孫子後來長大了，很懂得喝茶，也很講究喝茶，有一次他得到一種極為珍稀的碧螺春茶，又剛好碰上有人送來江蘇虞山玉蟹泉的上好山水，這孫子說：「既得此茶此水，能無佳木為柴以烹之乎？」

結果他當場叫家人劈了一部毛晉留下來的原版宋刻《四唐人集》的書版當柴燒——至於是哪四位唐人，我不告訴你，說了你不是更氣嗎？毛家的書也就這麼漸漸敗光了，一代人享一代的福，說的正是這個理。文曲星，是顆明白星。　■

本文作者為作家

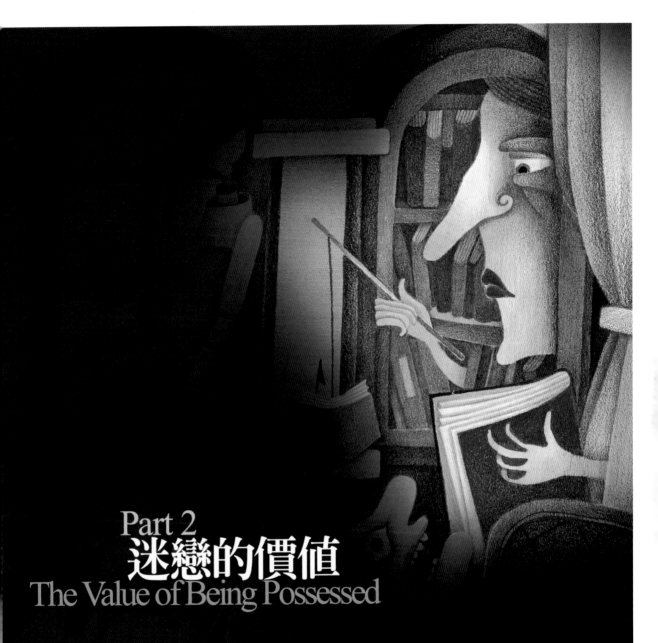

Part 2
迷戀的價值
The Value of Being Possessed

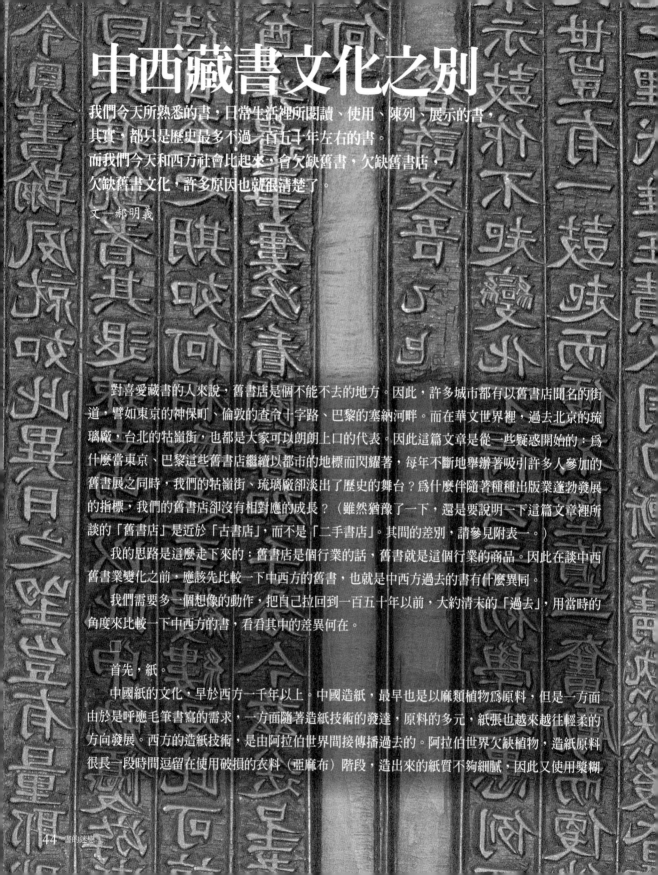

中西藏書文化之別

我們今天所熟悉的書，日常生活裡所閱讀、使用、陳列、展示的書，
其實，都只是歷史最多不過一百五十年左右的書。
而我們今天和西方社會比起來，會欠缺舊書，欠缺舊書店，
欠缺舊書文化，許多原因也就很清楚了。

文—郝明義

　　對喜愛藏書的人來說，舊書店是個不能不去的地方。因此，許多城市都有以舊書店聞名的街道，譬如東京的神保町、倫敦的查令十字路、巴黎的塞納河畔。而在華文世界裡，過去北京的琉璃廠，台北的牯嶺街，也都是大家可以朗朗上口的代表。因此這篇文章是從一些疑惑開始的：為什麼當東京、巴黎這些舊書店繼續以都市的地標而閃耀著，每年不斷地舉辦著吸引許多人參加的舊書展之同時，我們的牯嶺街、琉璃廠卻淡出了歷史的舞台？為什麼伴隨著種種出版業蓬勃發展的指標，我們的舊書店卻沒有相對應的成長？（雖然猶豫了一下，還是要說明一下這篇文章裡所談的「舊書店」是近於「古書店」，而不是「二手書店」。其間的差別，請參見附表一。）

　　我的思路是這麼走下來的：舊書店是個行業的話，舊書就是這個行業的商品。因此在談中西舊書業變化之前，應該先比較一下中西方的舊書，也就是中西方過去的書有什麼異同。

　　我們需要多一個想像的動作，把自己拉回到一百五十年以前，大約清末的「過去」，用當時的角度來比較一下中西方的書，看看其中的差異何在。

□

　　首先，紙。

　　中國紙的文化，早於西方一千年以上。中國造紙，最早也是以麻類植物為原料，但是一方面由於是呼應毛筆書寫的需求，一方面隨著造紙技術的發達，原料的多元，紙張也越來越往輕柔的方向發展。西方的造紙技術，是由阿拉伯世界間接傳播過去的。阿拉伯世界欠缺植物，造紙原料很長一段時間逗留在使用破損的衣料（亞麻布）階段，造出來的紙質不夠細膩，因此又使用漿糊

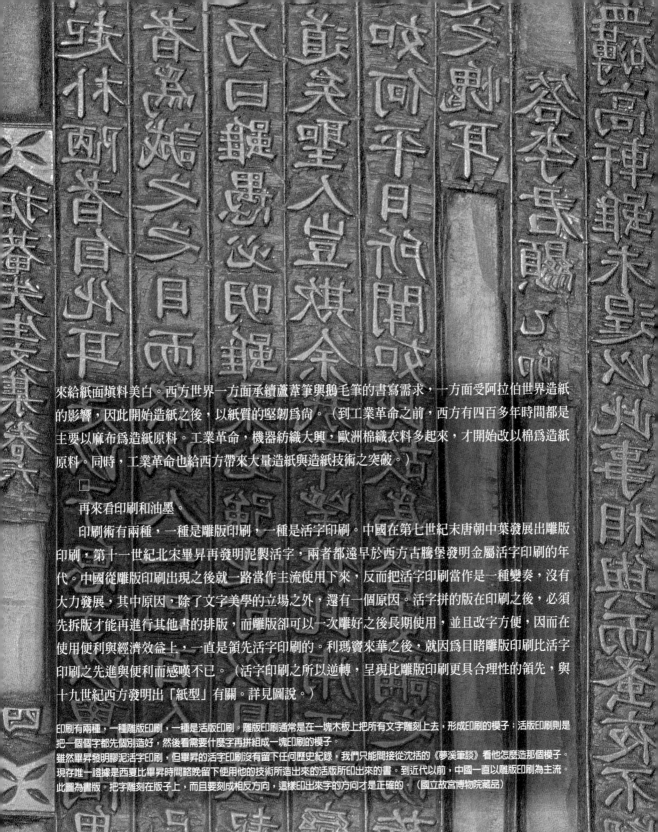

來給紙面填料美白。西方世界一方面承續蘆葦筆與鵝毛筆的書寫需求，一方面受阿拉伯世界造紙的影響，因此開始造紙之後，以紙質的堅韌為尚。（到工業革命之前，西方有四百多年時間都是主要以麻布為造紙原料。工業革命，機器紡織大興，歐洲棉織衣料多起來，才開始改以棉為造紙原料。同時，工業革命也給西方帶來大量造紙與造紙技術之突破。）

再來看印刷和油墨。

印刷術有兩種，一種是雕版印刷，一種是活字印刷。中國在第七世紀末唐朝中葉發展出雕版印刷，第十一世紀北宋畢昇再發明泥製活字，兩者都遠早於西方古騰堡發明金屬活字印刷的年代。中國從雕版印刷出現之後就一路當作主流使用下來，反而把活字印刷當作是一種變奏，沒有大力發展，其中原因，除了文字美學的立場之外，還有一個原因。活字拼的版在印刷之後，必須先拆版才能再進行其他書的排版，而雕版卻可以一次雕好之後長期使用，並且改字方便，因而在使用便利與經濟效益上，一直是領先活字印刷的。利瑪竇來華之後，就因為目睹雕版印刷比活字印刷之先進與便利而感嘆不已。（活字印刷之所以逆轉，呈現比雕版印刷更具合理性的領先，與十九世紀西方發明出「紙型」有關。詳見圖說。）

印刷有兩種，一種雕版印刷，一種是活版印刷。雕版印刷通常是在一塊木板上把所有文字雕刻上去，形成印刷的模子；活版印刷則是把一個個字都先個別造好，然後看需要什麼字再拼組成一塊印刷的模子。

雖然畢昇發明膠泥活字印刷，但畢昇的活字印刷沒有留下任何歷史紀錄，我們只能間接從沈括的《夢溪筆談》看他怎麼造那個模子。現存唯一證據是西夏比畢昇時間略晚留下使用他的技術所造出來的活字所印出來的書。到近代以前，中國一直以雕版印刷為主流。此圖為書版。把字雕刻在版子上，而且要刻成相反方向，這樣印出來字的方向才是正確的。（國立故宮博物院藏品）

中西油墨也有異。過去中國印刷用的墨料，是延續毛筆書寫使用的墨的系統，適宜與柔軟紙張的結合。而西方印刷用的墨料，延續以鵝毛筆書寫的需求，一開始就要適合於附著在金屬活字上，適宜和堅韌的紙張結合。（古騰堡最早印刷的兩百本聖經，有一部份甚至是用羊皮紙印的。）

這種種條件的組合，使得西方的活字印刷是凸版，結合油性的墨料，堅韌的紙張，著重的是壓下去的「印」（press）。而中國的雕版印刷是凹版，結合水性的墨料，輕柔的紙張，著重的不是「印」而是「刷」。（把墨料塗在版子上，然後把一張張紙貼上去刷平再拿下來。）因而，以代表中國印刷藝術巔峰的宋版書而言，就講究其墨色的「香淡」，而不是墨如「點漆」。

而中西方不同的印刷概念，又一路和紙質的走向相互呼應。雕版印刷只印紙張的單面，和紙張輕柔的走向相互呼應；金屬活字印刷將紙張的雙面皆印，和紙張堅韌的走向相呼應。

□

裝訂和封面。

在裝訂上，中國書的裝訂，從早期結合捲軸型態的「旋風裝」（唐朝），到後來的「蝴蝶裝」（宋朝），一直都主要使用漿糊與紙張來當作裝訂的工具。明朝之後流行的「線裝」，相對於西方的裝訂雖然是十分輕柔的裝訂方式，但在中國書的發展歷程上，卻已經是後來十分「粗魯」的裝訂方法了。西方則不同。延續著羊皮書的傳統，他們對於書的裝訂，一開始就用穿洞的方法，這樣再接續後來以釘子之類的金屬物來發展裝訂的技術，就一脈相承。

封面也是如此。中國書既然從紙張到裝訂方法走的都是這麼輕柔的系統，當然就不可能突變出多堅硬，多舖張的封面。要保護書，頂多是用書匣包起來，而書匣主要也是紙質。相對地，西方書從紙張到裝訂方法既然一路走的都是堅韌路子，當然也就需要一種相配合的封面。西方書的封面一方面承續他們早期的傳統，愛用皮革，一方面加上種種其他補強、裝飾，所以就發展出十分結實又華麗的工藝。

□

中西書籍的差異，可以綜合顯示在一件事情上。

西方出版史上，到了一九二〇年代左右，發生一件很重要的事情，那就是「平裝書」革命。平裝書革命有許多時代意義，但其中最大的一點，還在於其「平裝」（Paperback），用紙做的封面。西方書籍從此而有Hardcover 與Paperback形式之分。今天我們把Hardcover譯為「精裝書」，是從中國文化的思維來的。因為我們的一直是平裝書的文化，因此「精裝書」是一種新生的型態。

附表一：和舊書店相關的一些型態
古書店：賣的是頂級的，有骨董價值的舊書，屬於高價位。
舊書店：賣的是各種不同年代的舊書，有時間很久遠的，也有不那麼遠的。舊書的價值也差異很大，多屬於中價位，
　　　　但也有高價位或平價價位的。
二手書店：年代普遍不遠，多屬於低價位。
廉價書店：只是打著二手書的招牌而已。許多是從出版社滯銷或退書倉庫直接流出來的。不能說是舊書店。

但是從西方文化的思維來看，書籍本來就應該是Hardcover，結結實實地保護起來，無所謂精不精裝，因而對後來出現的「平裝書」，反而要以革命相稱。

所以，如果我們把自己放到大約十九世紀下半葉的那個時空，可以明顯感受到中西書籍有別所產生的衝擊。雖然同樣都叫做書，雖然說紙張和印刷術是中國最早發明的，但在事實上是兩種概念和形式都太不一樣的書了。這兩種書從原料到生產工具到製作方法到美學觀點，都截然不同。而且中國紙張和印刷，都從原先長期之先進於西方，一下子呈現落後的局面。在這種巨大的衝擊下，中國人很快就告別過去對書籍所有的傳統與理念，而全盤採用西方的製作與價值系統，是很自然的。

因此，我們今天所熟悉的書，日常生活裡所閱讀、使用、陳列、展示的書，其實，都只是歷史最多不過一百五十年左右的書。

而我們今天和西方社會比起來，會欠缺舊書，欠缺舊書店，欠缺舊書文化，許多原因也就很清楚了。

□

第一個原因，和我們書的硬體特質有關。由於書的紙張硬度、裝訂方法、封面，都走的是一種極為精緻、輕柔的路子，不但不適宜在民間頻繁的流通與交易，連保存也非易事。也因而不利於後人進行研究。缺乏流通與研究的舊書，進一步局限其本身的價值，再進而不利於其研究，形成惡性循環。因而中國的舊書雖然有遠比西方悠久的歷史，但是卻沒有相形之下該有的流通量。而西方的書，由於先天條件的堅固，經得起不斷轉手、買賣，以及各種儲藏方法，因而書籍的歷史雖然比中國要短，但是光近幾百年的書，就可以大量構成舊書店及藏書文化的腹地。

第二個原因，和我們對待「藏書」的心態有關。一般而言，英文的「Collector」在中文裡譯為「藏書家」，然而，「Collector」和「藏書家」應該有些意思上的差距。Collector做的事是「Collection」（收集）。收集本身有各種意思，可以自己珍藏，也可以是為了展示，為了進一步商業交易。但是中文的「藏書家」和「藏書」，重點卻在「藏」，是真的要有個「藏書樓」把書藏進去的概念，有時候連至親也不得見的「藏」。這些藏書只有在

利瑪竇初到中國，就為中國雕版印刷先進於歐洲的活字印刷而大感震驚。到十九世紀，歐洲在工業革命之後的種種技術突破，給印刷帶來新的巨變，才改變了這種態勢。其中一是石版印刷（也就是平版印刷）的發明，一是紙型的發明。過去活字排好的版，不能永遠組在那裡，拆完、印完後如果要再排，還得重排，因此反而不如雕版印刷經濟。但是紙型出來後，扭轉了這個局面。圖為攝於1890年維也納的印刷廠。

Corbis

大時代的動盪中才比較容易流散出來，太平年代裡把書給散出來，可能要遭到「敗家子」的嘲諷。（五、六○年代台北牯嶺街的興盛，正和那個變動時代的特色相呼應。）

西方則大不相同。從十五世紀活字印刷發明而出版業大興，到接下來重商主義與工業革命之發生，一脈相承。各行各業的生產與流通發達，商品的供需與價格，都有市場規則可循。書籍在其中自然也是如此。因而Collector固然也有對應於中文「藏書家」的人，但也有許許多多其他的人。他們或是為了研究需要而收集之後再客串交易的學者，或是只為商業利益之買賣而進行收集的書商，或是為了服務別人的收集而收集的掮客，或是收集一定程度之後捐獻給圖書館的家族或富翁，總之，Collection可以有各種作用，不見得非「藏」不可。他們把書的流通和其他商品的流通都看作是商業社會裡自然的現象。讀書人來研究、買賣書籍的事情，不但自然，還可以形成傳統。商品流通的量多，商店多，買賣的人多，研究的人多，大家形成遊戲規則的共識，也自然就形成一個良性循環。

第三個原因，當然和中國這百多年的社會情勢有關。

先不談這中間發生了多少戰爭，這些戰爭對舊書、藏書所造成的毀壞，光看大規模戰爭停止後的二十世紀五○年代以降，也知道兩岸許多政治禁忌在舊書、藏書這些事情上所產生的障礙與破壞有多大了。大陸的文化大革命破四舊的影響，固然是對舊書的浩劫，台灣過去對二、三○年代許許多多作家、作品的禁忌，也是使舊書、舊書店、舊書文化無法長期生根的主因。

□

舊書文化無法生根、發展，有許多影響。

其中顯著的，當然是對舊書本身價值的影響。

一名骨董書經紀人的一天

皮埃·貝瑞（Pierre Berès），是歐洲頂尖的藏書家兼古書買賣人，1997年就已經在這一行裡做了七十週年。

他一天時間裡的工作是：「要讀二本到五本不等的書目。看十冊，二十冊的書，有時候甚至一天要瀏覽兩千到兩萬冊的書。」

在他眼裡，任何藏書如果能讓人感受到它集中於一個主題，並且兼顧到所選藏本的品質，那就值得尊敬。不論這個主題是否顯學。

他雖然有二十名手下，但是要寫他自己的書目的時候，則一定不假他手。「在我的行業裡，怎麼描述一本書是最關鍵的。描述有時候很長，甚至可能太長，但不要顧忌。」

他還有些名言。「一個愛書的人，就必須當個真正的『愛人』。你得和書睡在一起，和書生活在一起。你必須親手處理書，你絕不能害怕和書發生親密的關係。」他繼續說，「那就是真實的人生，你朝那個美女望過去，你朝她微笑，確保不吃閉門羹。然後你必須謙卑，然後你必須鼓起勇氣，然後你絕不能在接下去的事情上猶豫不決。」（郝明義）（以上主要參考《Patience and Fortitude》，by Nicholas A Basbanes）

1993年的一場拍賣會上，中國的宋版書《嫠本點校重言重意互注尚書十三卷》六冊，賣出人民幣一百七十萬元，平均每冊相當於新台幣一百二十萬元（詳情請見本書第61頁），從明朝開始，就以論葉計價的宋版書，果然如同黃金。然而，在1998年紐約的一場拍賣會上，一本1470年的《*Book of Hours*》，賣出價格卻是三百六十萬美元，相當於新台幣一億二千多萬元。

　　中西古書的價差如此之大，固然就像中國畫和西畫在拍賣市場上仍然價格懸殊，除了歸因於西方文化居於主流地位的作用之外，我們不能不沉思其背後的許多因素。

　　第二個影響，在於對我們過去歷史與知識的獲得。

　　書是過去歷史的一部份，沒有足夠的舊書與舊書店，對一個讀者而言就沒法有充分的視角來檢視過去的歷史與知識，更別提如何體會過去時空下的情懷。

Corbis

　　沒有各種不同情懷的襯托，也就難以形成書籍文化，以及對書籍迷戀的多元層次。

　　第三個影響，在於對我們未來書籍形態與價值的發展。

　　2004年，我們面對著台灣每年新書出版量達四萬種，大陸新書出版量達十五萬種以上的局面，就整體中文文化來說，我們要思考的是如何為五百年後的人，也留下一些迷戀的依據，也留下一些單本拍賣價格可以高達三百五十萬美元，或起碼也有一百萬新台幣的書籍。對新的出版、印刷傳統才不過一百五十年的我們來說，這裡面的挑戰，不僅在於展望未來，也在於接續過去。■

一本1174年中國古書的結構分析

《昌黎先生集》（南宋淳熙元年臨安錦谿張監稅宅刊本）

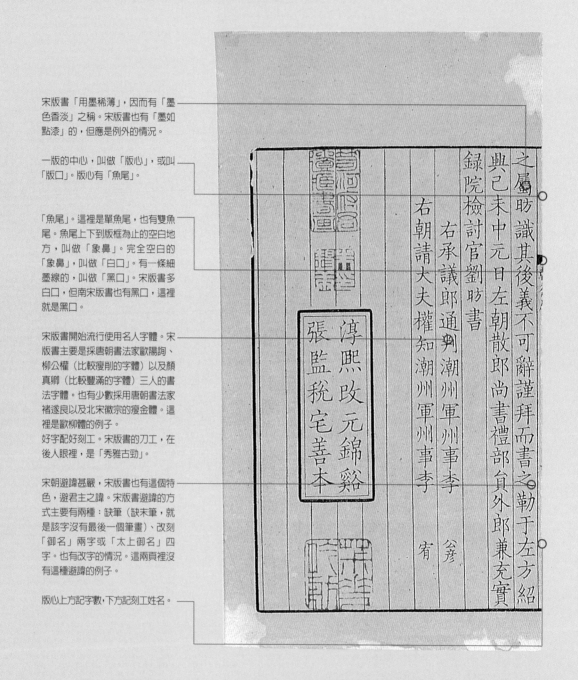

宋版書「用墨稀薄」，因而有「墨色香淡」之稱。宋版書也有「墨如點漆」的，但應是例外的情況。

一版的中心，叫做「版心」，或叫「版口」。版心有「魚尾」。

「魚尾」。這裡是單魚尾，也有雙魚尾。魚尾上到版框為止的空白地方，叫做「象鼻」。完全空白的「象鼻」，叫做「白口」。有一條細墨線的，叫做「黑口」。宋版書多白口，但南宋版書也有黑口，這裡就是黑口。

宋版書開始流行使用名人字體。宋版書主要是採唐朝書法家歐陽詢、柳公權（比較瘦削的字體）以及顏真卿（比較豐滿的字體）三人的書法字體。也有少數採用唐朝書法家褚遂良以及北宋徽宗的瘦金體。這裡是歐柳體的例子。

好字配好刻工。宋版書的刀工，在後人眼裡，是「秀雅古勁」。

宋朝避諱甚嚴，宋版書也有這個特色，避君主之諱。宋版書避諱的方式主要有兩種：缺筆（缺末筆，就是該字沒有最後一個筆畫）、改刻「御名」兩字或「太上御名」四字。也有改字的情況。這兩頁裡沒有這種避諱的例子。

版心上方記字數，下方記刻工姓名。

宋版書主要的裝幀方式是蝴蝶裝，蝴蝶裝的特色，是從版心魚尾處向內而不是向外對摺。向內對摺的版心形成書脊，並以厚紙黏貼成書背。蝴蝶裝的書一翻開就是一版，所以看書的時候，後人說是看了一「葉」，宋朝人說是看了一「版」。也因為每一「版」只印單面，所以在翻動一「版」和一「版」之間，會看到那一「版」一「版」背面沒有印刷的空白處。主要從元代開始，蝴蝶裝被包背裝取代，明代開始則流行線裝。到包背裝和線裝的時候，書的版心魚尾處都改為向外對摺，一「版」一「版」背面沒有印刷到的空白處都被摺到裡面了。這本書雖然是南宋淳熙元年所印，但是版心朝外，裝訂狀況又是線裝，應該是被後人所改裝的。

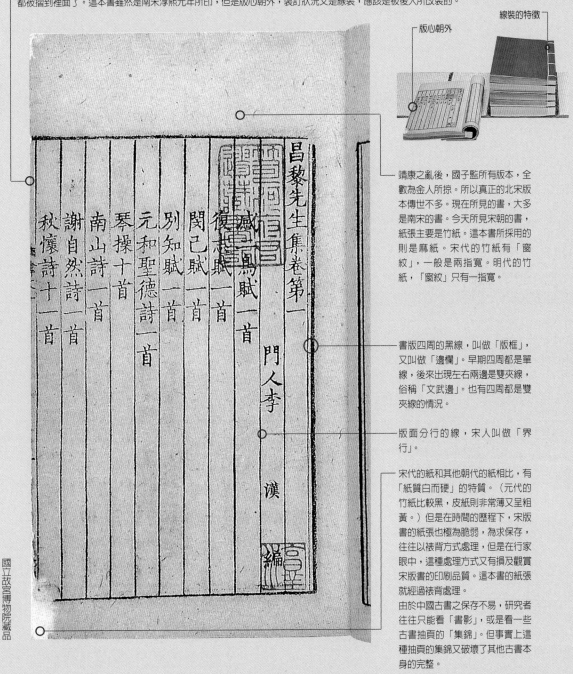

線裝的特徵

版心朝外

靖康之亂後，國子監所有版本，全數為金人所掠。所以真正的北宋版本傳世不多。現在所見的書，大多是南宋的書。今天所見宋朝的書，紙張主要是竹紙。這本書所採用的則是麻紙。宋代的竹紙有「簾紋」，一般是兩指寬。明代的竹紙，「簾紋」只有一指寬。

書版四周的黑線，叫做「版框」，又叫做「邊欄」。早期四周都是單線，後來出現左右兩邊是雙夾線，俗稱「文武邊」。也有四周都是雙夾線的情況。

版面分行的線，宋人叫做「界行」。

宋代的紙和其他朝代的紙相比，有「紙質白而硬」的特質。（元代的竹紙比較黑，皮紙則非常薄又呈粗黃。）但是在時間的歷程下，宋版書的紙張也極為脆弱，為求保存，往往以裱背方式處理，但是在行家眼中，這種處理方式又有損及觀賞宋版書的印刷品質。這本書的紙張就經過裱背處理。

由於中國古書之保存不易，研究者往往只能看「書影」，或是看一些古書抽頁的「集錦」。但事實上這種抽頁的集錦又破壞了其他古書本身的完整。

國立故宮博物院藏品

（本文分析由編輯部整理，主要參考《古書版本常談》〔毛春翔著〕，國家圖書館網站資料）

一本1673年西方古書的結構分析

《英國東印度公司使節致中國清朝大帝書》

(An Embassy from the East-India Company of the United Provinces, to the Grand Tartar Cham Emperor of China)

當時的紙張都是手工紙，上面會有水紋線。在製紙過程用細網撈起紙漿時，比較粗的平行線痕就會留在紙上，這是以機器大量生產的紙張不會有的。這種手工紙是中性紙，不傷手，且歷經三、四百年還很密實。

使用銅版印刷製成的圖，邊框會有刻板殘餘的油墨痕跡，這些痕跡，在晚期（1794年）之後的平版印刷中並不會產生。使用平版印刷，紙張背後也不會出現字的凹凸痕跡。

除了頁碼之外，換頁時，上下文的英文字會重複出現，以確保裝訂順序無誤。

頁尾部分，每隔兩頁會標上按序排列的英文字母，再次確保裝訂無誤。如本頁為「Hh」，隔兩頁則標上「Ii」。

避免用色較濃的顏料未乾而沾到對面頁，貼上透明紙做保護。

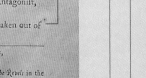

AN
EMBASSY
FROM THE
East-India Company
OF THE
UNITED PROVINCES,
TO THE
Grand Tartar Cham
EMPEROR OF
CHINA,
Deliver'd by Their Excellencies
PETER de GOYER and *JACOB de KEYZER,*
At His Imperial City of
PEKING.
WHEREIN
The Cities, Towns, Villages, Ports, Rivers, &c.
In their Passages from
CANTON to PEKING,
Are Ingeniously Describ'd,
By Mr *JOHN NIEUHOFF,* Steward to the
AMBASSADORS.
ALSO
An Epistle of Father *JOHN ADAMS* their Antagonist,
Concerning the Whole Negotiation.
With an APPENDIX of several REMARKS taken out of
Father *ATHANASIUS KIRCHER.*

English'd, and set forth with their several Sculptures,
By *JOHN OGILBY* Esq;
His MAJESTIES *Cosmographer, Geographick Printer,* and *Master of the Revels* in the
KINGDOM of IRELAND.

The Second Edition.

LONDON,
Printed by the Author at his House in *White-Friers.* M. DC. LXXIII.

南天書局提供，賀新麗攝影

以前的書名通常較長，這一本又特別長。

年代計算方式。M代表1000，D代表500，C為100，L為50，故M.DC.LXXIII代表1673年。

書皮（書衣）。用來保護書頁，裝飾書本外頁，說明書名和作者。書皮分為「封面」、「封面裡」、「封底裡」及「封底」。可以作為書皮的物料有羊皮（最普遍使用的物料）、豬皮（很耐用但較硬欠彈性）、牛皮。西方有百年的製革技術，連日本人也學不來。需先以化學藥劑將皮革的脂肪抽出，否則皮革會硬掉、裂掉，無法通過時間考驗。

切口。書的外邊，包括上端、下端和書腳／下切口。切口可以不裁邊、加壓紋或塗成其他較深的顏色。若以金箔裝飾，不但更美觀，而且還有防塵、防潮作用。

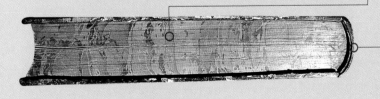

（本文分析主要由魏德文口述，編輯部整理）

古書的土壤和價值之一
一個台灣女婿的觀感

魏延年從法國來台工作已有二十年，算是老台灣了。

他喜歡拍電影、做出版、收藏書籍，對古老的事物尤其感興趣。

他娶了這裡的妻子，有兩個可愛的小孩，他覺得他們一家人都該了解自己的歷史，

從一本本古書開始。

口述—魏延年　　整理—藍嘉俊　　攝影—賀新麗

魏延年認為時間可以為一本普通的書帶來價值。

這些小小的、有關民間益智遊戲「合巧圖」的古書，也成為魏延年的收藏品之一。

在圖書館裡閱覽古書，就好像在游泳池裡面游泳一樣；逛舊書局，卻像是在大海裡游泳一樣，會撞見什麼，誰也不知道。

一般而言，會對古舊書有興趣的人不是喜歡研究歷史的，就是喜歡投資的。所以古舊書不但有知識及歷史的價值還有商業價值。法國、英國、德國有很多舊書展，非常多人參加。以法國為例，每個小城市會有兩、三個舊書局，全國則有一千家以上，光是巴黎就有三百多家。舊書的市場非常活絡，買進買出的量很大，因此需要許多中間人。我粗略估計，在法國每個縣至少有兩、三個拍賣的專家，巴黎則可能有五十個。

古舊書文化在歐洲已經成熟

除了書籍之外，關於舊家具、畫、骨董的交易，在法國也非常普遍。每個禮拜、每個縣都有。這種舊物品的買賣風潮有高有低，但總可以維持一定的規模，並吸引美國、日本各地的買家來挖寶。

在倫敦，舊書局的生意可以做得很大，裡面的書從100美元到3萬美元都有。很多人願意用一百塊錢買一百多年前的古舊書。對歐洲而言，古舊書的收集與買賣已經形成了傳統，有一個非常大而成熟的市場，百年來沒太大變化。

回過頭來看台灣，舊資料的取得卻是相對困難。我對三、四○年代的台灣與中國老唱片非常感興趣，也認識了白光。1969年初次來到台灣時，在中華路買了所有白光與周璇的唱片。但我今天想再買這些老唱片，已不知去何處尋找，它們全都變成了骨董。台灣的舊書店也消失得很快，三十年前在福州街、牯嶺街還很多，現在都不知跑到哪去了，之後光華商場有一些，但最後大多變成賣電腦的。

在法國，舊書店的數量並未減少，父親會把店面傳給女兒、女兒再傳給孫子，三

十年前的店還找得到。開舊書店的人因為能掌握、了解書的真正價值，可從中獲得很不錯的利潤，而買書的人也覺得值得。

小部分的台灣人對近代歷史有興趣

我曾在福州街用30元買了一本導覽迪化街的舊書，這本書不但當時沒有人感興趣，即使現在也沒有出版社願意翻成中文再版。這本書是一位來台客座的外國建築系教授寫的，他帶他的學生認識這些舊街、舊建築，但卻有人質疑他，請他來不是要帶我們看這些舊東西的。七○年代陳慶浩跟我在香港收集了許多中國舊電影片，都是非常珍貴的資料。但當時沒有人要，連新聞局也不感興趣，我只好運到法國巴黎大學。後來童月娟跟我們聯繫，希望我們捐出這些資料。三十年後台灣文化單位才感到有興趣。

這是一個矛盾，中國人強調自己有五千年的悠久文化，但卻對近代的歷史很冷漠。我的台灣朋友常說，台灣人對自己的歷史、對外面的世界興趣都不大，只看到自己的肚臍眼、愛做生意。

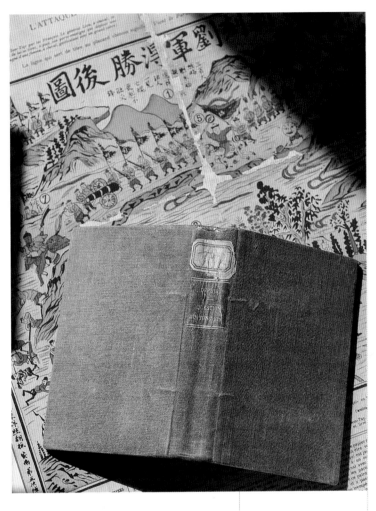

魏延年的藏書——《Question du Tong-kin》(1896) by Jean Dupuis。這位作家是十九世紀一位活躍於上海和漢口的法國軍火商。他認為越南北部的東京灣是打開中國雲南商貿的最佳窗口。沒有獲得法國政府的同意，在他和另一位法國軍官的挑釁下，終於引起中法之間的戰事，牽連到日後法國艦隊砲轟福爾摩莎（台灣）。

台灣人應該要了解，現在一些很普通的書籍與圖片，五十年後就會變得很珍貴，這是時間所帶來的價值。或者是有些資料，經過對比之後會顯出其意義，不需要太久的時間。在台灣特殊的政治與歷史背景下，《美麗島》雜誌的創刊號就顯得非常珍貴，1979年美麗島事件的照片現在就變得很有價值了。美麗島事件發生時我人在台北，到新聞局要相關的照片，他們很好奇我的舉動，我解釋說我知道這些將來都會是珍貴的歷史資料。這就是判斷力和敏感度。

我也收集台灣的舊地圖，二十年前我花10美元買了一張十八世紀的台灣舊地圖，

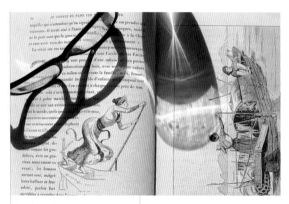

魏延年的藏書——
上圖：
《*AU TONKIN ET DANS LES MERS DE CHINE*》（1886）
by Rollet de l'Isle。此書記錄了作者個人對發生在越南、福爾和福爾摩莎（台灣）戰事的所見所聞。他是繪製地圖的軍官，同時也是一位很出色的畫家。此書包括了很多作者繪製的趣味小畫像和素描。這些畫作曾於2002年台北「法國在台協會」展覽會中展出過。

右圖：
《*From Far Formosa*》（1900）by Geo. L. Mackay D.D.。此書記錄有關馬偕博士本人在台灣的傳教經歷和所見所聞，完成於1895年。此書的原版還可以在歐洲買得到，不過可說是非常罕見。

現在它的價值有500美元了。我最寶貴的一張地圖，是荷蘭人最早到台灣的老地圖，十五年前花了500美元，現在可能值1萬美元了。這種資料不多，以前台灣人對這也不感興趣，現在比較不一樣了。對我來說，這些資料的商業價值並不重要，因為我不是骨董商，但是藉由這種現象，我們知道已經有更多的人重視這些歷史資料。

發掘古書迷人的味道

關於收集，我有三個管道：第一個是有些朋友，知道我對老的東西感興趣，當他們發現有適合的，就會通知我。第二是和舊書局的老闆聯絡，請他們寄目錄來。第三就是透過網路，用關鍵字尋找。

嚴格來說，台灣的古舊書文化還沒有開始。大陸因為歷經文革，許多書都燒掉了，私人收藏的舊書存量也不多。很多台灣和大陸買家要收購，反而得跑到歐洲去。台灣人和大陸人一般都還沒有這方面的知識。日本人就很厲害，能夠分辨出東西的好壞、判斷古物的價值。他們非常勤快，會付錢請在倫敦或巴黎的日本留學生到舊書店或拍賣場找資料，然後每個禮拜用Email或電話向收藏家報告。

在巴黎的台灣朋友告訴我，曾經有很富有的台灣人去了法國，他們就帶去逛骨董店，但這些人不明白舊家具為什麼有這樣高的價值，兩三次之後，這些有錢人還是寧願去珠寶店買珠寶。去法國，除了香水、珠寶之外，還可買到一些關於台灣歷史的舊資料。書香有時比香水味道更迷人，配上好茶或好酒，舊書其實更值得去迷戀。　■

古書的土壤和價值之二
一個老書店主人的心得

大學時代，魏德文每個禮拜最少二、三天穿梭在牯嶺街，因為喜愛書，
覺得台灣出版的書可做得更好，所以後來他創立南天書局，近三十年來，收集了很多關於
台灣歷史的各種舊資料。他愛古書，也珍惜古書後面的故事。

口述—魏德文　　整理—藍嘉俊　　攝影—賀新麗

當你開始喜歡骨董時，可能開始喪志或是有一定年紀了，因為三十
五歲以前，忙著追求、接收新鮮的事物，不太可能對舊的東西感興趣。
或者，追求先進過頭的人，會回過頭來找些古老的東西來彌補、進而取
得另一種平衡。其實，任何新的領域，背後還是要有一個豐厚的傳統文
化作後盾。

談古書的價值，可以從一串故事說起。

魏德文愛書，也愛書背後的
故事。

有些古書非金錢所能衡量

我認識一個日本人瀨川孝吉，他在日治時任職台灣總督府理蕃課期
間，拍攝記錄了龐大原住民的影像資料，和人類學家鹿野忠雄合著了
《台灣原住民圖譜—雅美族篇》，於1945年在東京出版。因為東京受到美
軍轟炸，初版書僅剩下約一百本，被麥克阿瑟將軍帶到美國十本，並贈
送幾本到國會圖書館。鹿野戰時在婆羅洲失跡，未返回日本，瀨川在戰後返回日本，
於1956年重新增訂再版六百本，書中的照片增加到一千多張。蘭嶼的人口僅一千多
人，而當時拍照是非常奢侈的，這麼少人的族群有這麼多老照片，是世界上少有的一
本書。由於戰後的經濟蕭條，銷售困難，庫存書要上稅，就銷毀了三百本，所以這兩
版在全世界最後只剩四百本。德國民族學者鮑克蘭女士，在美國國會圖書館看到這本
書時，就下定決心一定要去蘭嶼這個地方，1956年首次到了蘭嶼，高興得不得了，一
住就是半年在這島嶼上。瀨川拍攝上萬張的台灣原住民影像，這些原住民的史料，日
本的企業家守谷商會倒是很重視，於是撥款整理、大量印製，還捐贈回饋給台灣有原
住民的鄉鎮、小學。如果你知道這些外國人對原住民的關注比我們深入得多，你會很

慚愧、很感動，就會想辦法找到這些書籍。這種因對背景的了解、感情的投入所收藏的書，其價值絕非金錢所能衡量。

台灣社會熱中一窩蜂的追求，有時不痛不癢滿足好奇的書人人搶著買，嚴謹有意義的書可能只賣了一百本，但只有一百個高級知識分子才會看的書，可以影響千千萬萬人，這就不代表沒有價值。好的書只要能出版了，就有其意義，因為存在即價值。

除去主觀情感上的認定，古舊書一般來說，以限定版印行，每冊有編號，第一號、最後一號或附上作者簽名者，價值較高。還有，在當時發行量最大的出版物，保存下來的反而極少，比如教科書或某天的報紙，這種容易流失的資料也有珍貴的。要判斷書籍的真偽及價值，了解那個時代的印刷技術是很重要的。比如1794年發明石版印刷，在那之前就不會有石版印刷的書，又複色的石版印刷年代是在1850-1910年間才有的，當看到一本書沒印年代時，也可判斷其出版的大約年代。又如1843年出版的一本有彩色插圖的書，因為當時的書還無法彩印，所以每一張圖像的顏色是手工一筆筆所繪，沒有兩本書是完全一樣。此外，早年的銅版印刷，圖邊框的刻版會有凹凸的痕跡、手工紙張的水紋線，都是鑑定的依據，除了工藝史，對作者及背後的歷史背景也要有所掌握。

台灣沒有完整的古舊書流通制度

在日本，他們古書會經常會組成五至八人的一個小組，定期到圖書館觀摩版本、討論各版本的差異及印製的特點。因為對書的歷史背景非常了解，就能定出買方能接受的價格，這是很深厚的功力。日本目前有兩千多家古書店，有很活躍的古書會組織及會員，有定期的古書交換會，將非自己領域的書放出去，有興趣的就標下來自己去塑造出獨特的古書店來。他們也定期舉辦全國性的拍賣會，規模很大。專業古書是一個很大的知識領域，無論是美術、建築或漫畫類別，都有各自的學問。倘若沒有完整的制度，這樣的市場就會被忽略、進而消失。沒有古書店的國家，是沒有文化的。日本的古書店沒落，隨便打開一本目錄裡面所拍賣的古書，總值經常超過上億，日本的古書店市場真的很大。

台灣並沒有相關的同業組織，多是各自為政，無法定出標準價格，所以一本書內行人定三萬、外行人定三百，差異竟可達一百倍，非常紊亂。另一方面，也許是無益於學術地位的提升，知識分子很少投入古書經營這個領域，一般人比較是從資源回收的角度著手。昔日有老兵、南部上來的工人投入，論斤秤重的買入舊書，嚴格說來這些書只是二手書，非所謂的古書。

《*An authentic account of an embassy from the king of great Britain to the emperor of China Vol. I, II & atlas*》（1797年英文版）。此書作者為George Staunton，記錄了當年英國大使Earl of MacCartney到中國向清乾隆皇帝賀壽及祈求與大清通商，描述在沿途上的所見所聞，但最後仍沒成功。

不同時代有不同的收藏風潮。日據時代，名家的書法、字畫最受歡迎。五○年代備受矚目的，是日本撤退後所留下來的大批史料。到了六、七○年代，則是對大陸三○年代的禁書特別期待。解嚴後，重點移轉到白色恐怖、二二八及國民黨與日本交接的文獻資料上。隨著經濟提升、研究風氣及各鄉鎮對史料的重視，古書人口有增加的趨勢，但珍本書一但被行家購入，就不易流出，貨源已越來越少了。

我本來是學藥的，但個人對歷史非常感興趣。一般人研究歷史，是從讀史書開始，我則是從圖像切入。這種以影像來架構成的台灣歷史，有史學家所不知之處。因為，台灣的「圖書館」，有書無圖。圖是一種立體的時空記錄，能忠實呈現當時的訊息，容易了解，並且提供了各種解釋的角度及幻想空間，不像文字的敘述，只能憑空想像。前人說左史右圖，以圖來輔佐文字，歷史的輪廓會更清楚。一般說來，圖的平均價值較高，將一本書裡的圖拆開成一張張來分賣，所得會比整本書的價值要高了許多。有時，我會因為書裡有一張喜歡的圖而買下整本書。

集中一個收藏範圍，一直走下去

我的收藏大約可分三期。第一階段的對象以原住民為主，因為我很早（1977年）就認識對原住民有研究的瀨川了。第二階段以海報為主，它結合了廣告史、設計史、

繪畫史及印刷史，從時尚美女的裝扮而改變了社會，也反映了女性社會地位的演化。第三階段是地圖，就以台灣島的外形來看，每個時期因測繪、科技的進步，就有很大的差異。從原住民、海報到地圖，都是以影像來貫穿。

對入門者來說，收集古地圖門檻或許太高，也可先從現有地圖開始著手。很多旅遊地區的導覽地圖，可輕易索取，且無須花費。或許一段時間後，你會知道這些導覽用的鳥瞰圖，在日本時代就有了，吉田初三郎一輩子就畫了三千多張鳥瞰圖。你接著會想知道第一張何時出現或是哪張是他的佳作，荷包有錢時就會想把它買下。這時你的興趣深入了、也上癮了，之後胃口越來越大，即使財力有限，也要千方百計擁有它。如果下的功夫不夠，背景了解不清楚，就會買到贗品，就像是繳點學費來累積經驗，所以古書的蒐集，還要具備有多方的知識。

當然，喜歡收藏什麼，還是因人而異。集中一個範圍，一直走下去，地盤站久了就是你的，終究能自成一格。■

上圖：法文版《*Recherches sur les superstitions en Chine*》於1912-1939年以石版複色印刷出版，全套共18冊，研究關於中國的宗教、迷信與民間傳說的巨著。

右圖：《*An embassy from the East-India Company of the United Provinces, to the Grand Tartar Cham emperor of China*》（1673年英文版）。左為以銅版雕刻印刷出來的湯若望人像。湯若望為當時中國歷史上第一位主管欽天監的洋人官員，他以星象來測量地圖，以西方技法繪製有經緯度的中國地圖。

善本古籍價值的三稜鏡

近半個多世紀來，我們只能從台北故宮博物院、國家圖書館、北京圖書館和上海圖書館的善本部，目睹宋版書的風采，或者開放兩岸探親後，偶爾可聽說琉璃廠某中國書店分店有一部宋版書。特別是對於當代年輕人來講，簡直可以說是天方夜譚。

但是自從1993年9月中國書店在北京勞動人民文化宮舉辦「首屆古舊稀見書刊拍賣會」後，一鎚改變了華文古書收藏價值的走向。作為目前世界上已知尚存一千多部的宋版書，從中國書店那次拍賣會後，才逐漸和全球古書收藏市場接軌。以「中國嘉德2003秋季古籍善本拍賣會」為例，唐陸德明撰《婺本點校重言重意互注尚書十三卷》六冊，上鈐印：「宋本」、「鐵琴銅劍樓」、「汪士鐘印」與「得此書費辛苦後之人其鑑我」等十餘款。先為清代初期藏書家錢遵王的兒子錢楚陰收藏，並在卷首蓋上一圓印「傳家一卷帝王書」，可見它在當時所受到的珍重。後來陸續由陳仲魚、汪士鐘等人所藏，其中尤以江蘇常熟瞿紹基的鐵琴銅劍樓，更是晚清的四大藏書樓；最後落入上個世紀浙江山陰沈氏研易樓，可以說是收藏有本，流傳有序。在那次拍賣會上以人民幣一百七十萬成交，再加落鎚價百分之十酬金，即高達新台幣七百七十餘萬，平均一冊一百多萬，由此可見宋版書的珍貴程度。

其實早在明代嘉靖年間（約十六世紀中期），宋版書的價值就已經超過顏如玉。那時的藏書家朱大韶經常訪書，終於在朋友的家中發現一部宋刊袁宏《後漢紀》，外裹織錦玉籤的函套，書上有南宋詩人陸游、劉須溪和謝疊山的批語。他看到後，簡直愛不釋手，不過那也是主人心愛之物啊！所以只好以他家中最美的婢女交換。婢女臨走前，在家中牆壁題詩：「無端割愛出深閨，猶勝前人換馬時。他日相逢莫惆悵，春風吹盡道旁枝。」不過他如此癡迷於宋版書的程度，連清末民初藏書家葉德輝都覺得殺風景！也許只能作為一樁逸事，留給後人飯後茶餘的談資而已。

然而假如是在戰時，這些宋版書、乃至於善本古籍又當如何呢？就以抗日戰爭期間最艱苦的1940年初到41年底之間，那時國立中央圖書館在教育部和中英庚款董事會的支持下，聯絡上海、香港兩地的文人志士，冒險搜購了數萬冊即將散佚淪亡善本古籍的事為例。那時五位負責人之一的鄭振鐸，於1940年9月21日致另一位負責人張壽鏞信時，即非常感慨的說：「在此時局，能為國建設一如此宏偉圖書館，其工作之艱鉅與重要，實遠在黃梨洲、葉石君等人以私人之力，收拾殘餘者之上千百倍也。」如今這批善本古籍都典藏在台北的國家圖書館，如果沒有那時鄭振鐸等五人的高瞻遠矚，搶購這批善本古籍，可能連研究中國古代文史，也要到國外去留學，可見善本古籍是華夏文明的精神價值所在。

近十餘年來在拍賣會的鼓動下，善本古籍才逐漸在經濟價值上得到回報。我們且先不要以金錢來衡量，反觀西方文明的珍本古籍，就以1455年（相當於明代景泰年間，比宋版書還晚七十七年以上）古騰堡一共印了一百五十份紙印本及三十份羊皮紙本聖經為例，目前世界上已知尚存的有二十二個完整版本，但是它們所受到的重視程度，遠遠超過我們的宋版書。而且除了中國瓷器以外，就以青銅器的國際收藏行情而論，國外的價格是我們的十倍，善本古籍應該也可以作如是觀。既然收藏善本古籍可以傳承華夏文明，又可以在經濟價值上獲得回報的空間，有志文物收藏的投資者，盍興來乎哉！（吳興文）

一個悍匪的懺悔錄
人皮書的故事 文—冼懿穎

被譽為二十世紀最大（50 x 70公分，重30公斤，全書共480頁）、造價最昂貴的一本攝影圖集《SUMO》，內裡包括四百多張著名攝影師Helmut Newton操刀之作，全球限量10,000本（2000年1月第一版）。設計師Philippe Starck更為此書特別設計了一個獨特的展示器具。

「Grimoires」是一種記載黑巫術（Black Magic），用來召喚靈魂的書，它是由巫師寫給巫師閱讀的，文字和內容艱澀難明。相傳書裡面的文字必須用手寫，寫的時候除了要遵照特定儀式外，所用的並非墨水，而是用血所寫成，書皮則是用人皮裝訂。其中《Necromonicon》（720年出版）咸信是法力最強的一本「Grimoires」，使用者只需要照著唸幾個字就能穿越時空，使喚邪魔的力量。

人皮究竟長成什麼樣的呢？有機會看過人皮書的人不多，所以說法眾說紛紜，有人說像牛皮，也有人說像羊皮。《The Anatomy of Bibliomania》作者荷爾布洛克・傑克遜（Holbrook Jackson）曾親眼看過一塊真人皮，他則認為人皮比較像豬皮。在拿作任何用途前，人皮需要放在硫酸、綠礬、鹽的混合溶液泡浸數天，然後置於陰暗地方待乾，經過鞣革後的人皮會變厚一點，也柔軟一點。

Corbis

有心理學者認為對人皮書有特別癖好的人，可被歸類為「色情戀物癖好者／狂」（Erotomaniacs）。萊昂那多・斯米瑟斯（Leonard Smithers）是十九世紀末英國雜誌《Savoy》（1896）的發行人，他是一位書商，也是售賣一些淫穢物品的商人，性格放盪不羈。他的藏書當中便有一些罕見、色情、獨特的書籍如人皮書。王爾德曾經這樣形容他：「他喜歡首版書，尤其是跟女人有關的，而小女生則是他的最愛。他可算是歐洲最有名的色情戀物癖好者。」

有人自願把自己的皮膚用來製成書皮嗎？答案是有的。這本顏色略帶灰黃，有點像豬皮的人皮書，人皮來自華頓（George Walton，1809－1837），一位無惡不作的攔路強盜。他專向公路上的途人下手，直至遇上一位勇猛的對手傅諾（John Fenno）。傅諾死命作出反抗，華頓向他開了一槍，但並沒有把他打傷，華頓見事敗唯有

落荒而逃。華頓因再次犯案而被判長期徒刑，後來他病死在監獄內。去世前回想起把自己打敗的傅諾，華頓對他的勇氣十分敬佩，於是作了一個決定，他寫了一本自傳《Narrative of the Life of James Allen, alias George Walton, alias Jonas Pierce, alias James H. York, alias Burley Grove-The Highwayman. Being his death-bed confession to the warden of the Massachusetts state Prison》，要求死後把自己背部的皮膚割下來製成書皮，然後把人皮書送給傅諾。（如欲看此書原文可瀏覽網頁：http://www.bostonathenaeum.org/highwaymantext.html）

　　曾經有一位女伯爵St. Agnes臨死前留下遺言，要把自己雙肩的皮膚贈送法國天文學者卡密爾‧弗拉馬利昂（Camille Flammarion），以答謝卡密爾對她肩膀的讚美。卡密爾把部分皮膚用來裝訂他的名著《Heaven and Hell》──女伯爵的肩膀從此便永恆地支撐著天與地。有人把收集書籍比喻成收集女人，燕瘦環肥形式式各有各的美態，卡密爾這本人皮書可算是兩者兼備，一次滿足藏書家的兩種慾望。　■

有若手指頭般大的袖珍書，要把它看完非要眼力和耐力不可。（許智強攝影）

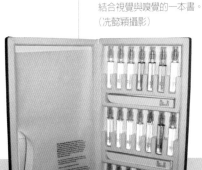

21種氣味，引發21種聯想，結合視覺與嗅覺的一本書。（冼懿穎攝影）

書籍無奇不有

金書
斯里蘭卡古都阿努拉達普拉的一座古廟中，發掘出一部記載古印度史詩的書。全書只有七頁，由純金薄箔打造，大約一千四百多年前由印度傳入錫蘭。

織出來的書
莫斯科國家歷史博物館藏有一本1894年於東京出版的《拉封登寓言集》，這本書是用織出來的。

蜘蛛絲裝訂的書
莫斯科綜合技術館有一本用蜘蛛絲裝訂而成的小書。蛛絲的平均寬度僅為0.002公釐。

石書
位於緬甸古城曼德勒，共730頁，每頁由一整塊兩噸重的大理石板製成，占地超過5公頃。動用全國100名最好的工匠，耗時9年才完成。

最貴的書籍
達文西的《萊斯特法典：論水、地球與天體系統》。這是一本用特殊鉛字印在一種貴重紙張上的書。比爾‧蓋茨曾經花2,400萬美元買下了這本書。

最大的書
2003年由美國出版，內容主要為介紹不丹王國。該書重約59公斤，大小猶如一張乒乓球桌。這本書共112頁，使用的紙張足夠覆蓋一個足球場，印書所用的油墨有一加侖之多。

最小的書
1996年在俄國出版，書本大小僅0.9公釐見方，字體更僅有0.035公釐大小。該書共有30頁，並附有三張彩色圖。

有味道的書
2004年紐約一家公司推出了一本結合視覺與味覺的書。裡面附有21個小瓶子，各裝著一種味道，對應書裡面的21種圖像情境。

發光書
美國曾出版一種即使沒有燈光也能閱讀的書。因為此書採用含磷的特殊油墨印製，字在黑暗裡可以發光。

羊皮書
英國倫敦圖書館藏有一批羊皮書。在西元前二世紀，小亞細亞的配爾加梅城要製作一本厚書，據說就要宰殺掉一群羊。（藍嘉俊）　■

參考資料：
《書文化大觀》（中國廣播電視出版社）、《中國讀書大辭典》（南京大學出版社）、金氏世界紀錄網站（www.guinnessworldrecords.com）。

黃金散盡為蒐書
藏書家追求的版本

不論是偏於蒐藏圖書之癖好，或注重實用價值之讀書，
要求好的版本幾乎是藏書家們的共同心願。

文—許媛婷

　　稱為藏書家者，多半都有一些旁人無法理解，親人難以忍受的書癖行為，這些行為，美其名為對書籍的熱烈狂愛，然細究之餘，則會發現這些幾近上癮的藏書癖好，實則淵源已久，其來有自。

　　書與人的關係，早在三千多年前的西周末年便已形成。最早提及私人擁有藏書，便是《莊子》書中提到的「孔子西藏書於周室」，可知孔子不僅為至聖先師，同時亦是藏書最富的私人藏書家。不過，當時書籍罕少，擁有書冊如同至寶，所以不分冊籍好壞，大抵都在收藏之列，並無優劣之別。

　　直到後來，私人藏書家日益增多，文人家中多半藏書若干。然真正識得「藏書」為何，並進行大規模蒐書者，漢朝時有劉向父子、河間獻王劉德等，到了唐朝，則以鄴侯李泌最負盛名。李泌出身於書香門第，積書多達三萬餘卷，各書按經、史、子、集四部分類，藏書保存狀況亦佳，據韓愈〈送諸葛覺往隨州讀書〉一詩描述，可略窺大概，詩是這麼寫的：「鄴侯家多書，插架三萬軸。一一懸牙籤，新若手未觸。」所謂的牙籤，乃指卷軸或函套上的別子。試想李泌不僅為家中藏書一一別上牙籤，同時觸手如新，顯見藏書家的藏書並非是為了閱讀，而是將書籍視為珍藏品，恐怕平日不輕易見人，概以欣賞與炫耀的成份居多。

　　唐朝或更早以前的圖書，由於生產形式多為手抄，其時雖有刊本，畢竟少數，故書籍罕見難得，自不在話下。一般文人雖已具備藏書概念，然除了公家藏書擁有豐富資源之外，私人藏書家多半並不特別注重書籍的來源出處，更別說版本觀念的建立。嚴格說來，版本概念的形成，應該要從雕版印刷術盛行之後的宋朝談起。

「芋」、「羊」笑話

　　何謂「版本」或「版本學」？簡單來說，係指同一部書在編著、傳抄、版刻、印刷、裝潢，甚至於流通傳佈的過程中，可能出現或版式，或內容，字體，或裝潢等等，產生相同或別異的現象，這樣的書籍遂可用「版本」概括論之，而研究這樣的一

門學問，便稱為「版本學」。換言之，同一部書在出版之後，可能會有超過二種以上的書籍形式，而經過相互比較，遂有好壞優劣之分，這種現象，尤其在雕版印刷蓬勃發展之後，更加凸顯。若説宋朝人聰明，懂得善用雕版印刷術開創圖書事業；那麼明朝人便是機巧，將書籍版印推向出版業的高峰，大量刊刻圖書的結果，雖有促進雕版技術精良進步之功，卻也造成訛劣書籍浮濫充斥之過。

由於明代圖書出版的速度，遠勝於前朝數十，甚至百倍，同一部書可能會有各種版本充斥於市面，如何將市面上的各種版本去蕪存菁，擇優汰劣，便是版本學的最終目的。換句話説，不論是偏於蒐藏圖書之癖好，或注重實用價值之讀書，要求好的版本幾乎是藏書家們的共同心願。

藏書家們追求好的版本，原因自然很多，當然不會只是因為讀書之用，但是讀書讀到的版本好壞，其重要性與影響之深卻是許多藏書家始料未及的。歷史上有許多因為不注重版本而引起的笑話，像是顏之推在《顏氏家訓》一書中舉出之例，便令人啼笑皆非。江南有一權貴，讀到《蜀都賦》，其中一條注解「蹲鴟，芋也」，將「芋」誤植為「羊」字。有一回，別人饋贈羊肉，於是此權貴答書道謝：「捐惠蹲鴟」。沒想到，舉朝驚駭，莫知其意。久後尋跡，方知原來是誤讀訛本，將「蹲鴟」解釋為「羊」。

這種因為讀到劣本而導致丟臉丟大了的窘態，還只是面子問題。若是因版本訛劣，而造成糾紛或遺憾，可就嚴重了。明朝陸深《金臺紀聞》曾經記載：明朝初年有個名醫戴元禮，有一次被召往南京。到了南京，於街市中看見一戶醫家生意十分興隆，往來酬應幾無間斷。戴元禮心想，大概這個人醫術高深，於是便站在一旁觀看，觀察結果，發現這位醫生開出來的藥方十分普通，與其他的醫生並無不同，便覺十分怪異，於是每天皆前往觀看。有一日，一人求藥正要離開時，醫生追出來告訴病人：

校讎學

古人治學，首重校讎。校讎之學，最早自漢劉向、劉歆父子便已開始，章學誠《校讎通義》提到：「校讎之義，蓋自劉向父子，部次條別，將以辨章學術，考鏡源流。」意即從劉向、劉歆父子校理圖書起，便有了校讎之概念。

「校讎」一詞，又名「讎校」、「校對」，近代則多以「校勘」稱之。所謂的「校」字，係指審定文字同異，考訂誤謬；至於「讎」字，除了有校勘辨正之意味外，另有一義，係為仇人之意。根據唐李善《文選‧魏都賦注》指出：「讎校，一人讀書，校其上下，得謬誤為校；一人持本，一人讀書，若怨家相對，故曰讎也。」這是將「讎」字等同於「仇」字的用法拿來警喻，頗為有趣。另外，宋李昉《太平御覽》則載錄：「劉向別傳曰：『讎校者，一人持本，一人讀折，若怨家相對，故曰讎也。』」從記載看來，「校讎」一詞由來，顯然是由於校讎工作須二人為之，校對工作不僅枯燥無趣，同時二人相對如同仇人相對一般，故有此稱。

後來，「校讎」又有改稱為「校對」者，乃因讎字意同仇字，不甚雅觀，故易之為「對」。據何焯《義門讀書記》曰：「一人刊誤為校，二人對校為讎，後人嫌讎字，易其名為校對，對即讎也。」所以，將讎字易為對字，係取其對校之動作。至於「校勘」，乃近代用法，取其勘正訛誤之意。

綜而言之，所指校讎，從狹義來說，係指勘正篇籍文字，並求其正；從廣義來說，則舉凡蒐集圖書、辨別真偽、考訂誤謬、釐定類別，甚至冊籍裝潢、圖書存藏等等，均在校讎的範圍之內。（許媛婷）■

「臨煎時下錫一塊」，戴元禮苦思未嘗見有以錫入煎劑法，特地去詢問，得到的答案竟是「這是依循古方而來」。元禮查考其書，發現原來是「餳」字，緊急為之更正，才未造成醫療糾紛。事實上，「餳」是一種飴糖類，多半像麥芽糖之屬，與金屬類的「錫」相差何止千里。

鑒別三法

　　注重版本，首要歸功於藏書家對書籍追求真善的心態，這種追求真本與善本的理念，便是版本學的真正原旨與意義。對於藏書家而言，好的版本必須具備真與善，這樣的圖書後代概以「善本」稱之。所謂「善本」，張之洞《輶軒語‧語學篇》有更為明確的定義：「善本之義有三：一，足本；二，精本；三，舊本。」張之洞所言的足本，即無殘缺、無刪削之本；精本，即為精校、精注本；舊本，即指舊刻、舊抄本。接著他又進一步說明：「善本非紙白版新之謂，謂其為前輩通人用古刻數本，精校細勘付刊，不偽不闕之本也。」由此可知，善本除了必須兼具足本、精本及舊本三項要件之外，經過精校細勘、不偽不闕的本子，才是真正好的版本。然則，書籍流傳越是久遠，歧異訛誤情形越是嚴重，因此去古未遠、刊刻精良的宋本，遂成了藏書家們爭相競逐的對象。

　　善本判斷的標準，藏書家們的看法各有巧妙，像葉夢得《石林燕語》提到：「唐以前，凡書籍皆寫本，未有摹印之法，人以藏書為貴。書不多有，而藏者精於讎對，故往往皆有善本。」可見，善本多以古本為重，或為精刊讎校之本。不過，由於圖書流傳至今日，去古已遠，加以宋之前多為寫本，書籍數量罕見，故而藏書家喜以宋本

考據學

　　所謂「考據學」，主要係盛行於清乾隆嘉慶年間的一種專門學問。由於其著重從經書中追求真理，並提倡實踐考證之學，又名「樸學」；其次，考據的治學宗旨在於求古，同時重視兩漢經典，故又以「漢學」稱之。乾嘉時期的考據學分成二派，一派是以惠棟為代表的吳派學風，重視博學、好古，推崇漢儒說經；另一派則以戴震為代表的皖派學風，主張求真，講求客觀與實證，秉持實事求是、無徵不信的信念。

　　清乾嘉時期，考據學發展達至高峰，許多考據學家同時也是藏書家，像是王念孫、汪中、焦循、阮元等人，其將考據學的觀念運用於蒐書過程中，再自然不過；或者，部份藏書家兼具有考據學的知識，在刻藏圖書時亦會特別注重書籍之考據，像是黃丕烈、顧廣圻、繆荃孫等人。

　　事實上，考據學與圖書版本學互為環扣，顯然是跟書籍出版太過氾濫，加以訛誤劣本充斥有關，所以必須透過考據學的知識來清理爬梳圖書，使得圖書得以去偽存真、正本清源。嚴格來說，考據學家重經籍註釋、校勘和史料考證，其要求與圖書版本學並不完全切合，然而考據學的精神，運用在版本學上，則成了辨偽考證、審定別異的鑑定

功夫。

　　換言之，版本學上的考據，事實上便是一種鑑定圖書真偽善劣的工作，而這項工作涉及的層面甚廣，舉凡紙墨、字體、版式、避諱、刻工、牌記、序跋、藏印，以及圖書題名、卷數、年代、體例、目錄、人地職名等等，皆在判別之列。版本鑑定最重要的目的，便是為了防止偽本以假亂真，同時避免藏書家所費不貲購買到劣質書籍。學問貴在探求真理，而書籍則重在真本、善本的蒐羅，所以版本學上的考據觀念，不僅有其必要性，同時也是極為重要的一門專業知識。　（許嬡婷）　　■

為蒐藏對象，據明高濂《遵生八箋・燕閒清賞箋・論藏書》一書提到：「宋元刻書，雕鏤不苟，校閱不訛，書寫肥細有則，印刷清朗。況多奇書，未經後人重刻，惜不多見。」另外，清孫從添《藏書紀要》則說道：「南北宋刻本，紙質羅紋不同。字畫刻手古勁而雅，墨色香淡，紙色蒼潤，展卷便有驚人之處。所謂墨香紙潤，秀雅古勁，宋刻之妙盡矣。」從藏書家載錄文中，大概可以歸納出所謂的善本，或是好的版本，必須從三方面來鑑別：

一、**出版年代越是近古者越佳**：一般而言，越是早期出版的書籍，通常錯誤較少，數量也稀少，因此在價值上就顯得珍貴。換言之，越是年代古老的圖書，越受到藏書家的青睞。於明清藏書家而言，宋元古籍的珍貴性，不下於田宅、美眷。宋本罕見，故藏書家求書若渴，多不惜代價。明朝朱大韶便寧以自己最疼愛之寵妾，換取一部宋槧袁宏《後漢記》；另外，偏愛宋本最為著名，便是自號為「佞宋主人」的清藏書家黃丕烈，他在《蕘圃藏書題識》說出：「蓋書以古刻為第一，一字一句之誤，猶可諦視版刻，審其誤之由來。故余佞宋，雖殘鱗片甲，亦在珍藏。」顯見藏書家喜愛宋版，幾近迷戀的程度，令人咋舌。

二、**雕鏤不苟、印刷清朗**：好的版本給人的第一印象，莫過於表現在外表上的裝潢及印刷。經過多年的流傳演變，古書冊籍的裝潢變化多端，從卷軸裝、冊葉裝、經摺裝、旋風裝、蝴蝶裝、包背裝，到一般我們最熟知的線裝書，這些不僅呈現出冊籍不斷創新的軌跡，同時也增加書籍的典藏價值。至於印刷，涉及層面又更廣泛，通常好的版本必須具備兼顧紙張、墨色、字體、版式等要求，像是紙張務求古拙，墨色香淡，字體勁雅，版式精良，這些屬於圖書質感及美感的範疇，影響層面除了書籍本身的賣相之外，好的版本更具收藏價值。

三、**精於讎對、校閱不訛**：清代因考據學盛行之故，因此藏書家在蒐羅圖書之際，對書籍內容的精確與否，亦相當重視。清黃丕烈《蕘圃藏書題識・衍極》跋就曾說過：「凡書不可不細校一通，第就其外而觀之，謂某本勝某本，此非定論也。」又說：「既而校勘群籍，始知書舊一日，則其佳處猶在，不致為庸妄人刪潤，歸於文從字順，故舊刻為佳。」故言善本，必先視書之讎校。購書藏書須先檢視書籍之讎對校閱，主要原因還是在於藏書家追求真本、正本的觀念，深入人心。

藏書家蒐購圖書，理應熟悉版本。其用意，不僅在於須懂判斷圖書之精善粗疏，對於書籍的源流考證，亦要能辨別明白，如此一來，既能免除落於無知之譏，又能避免浪費大筆金錢買回訛劣之本的風險。

本文作者為國立故宮博物院圖書文獻處助理研究員

Maps 一個有待補充的筆記

編輯部

倉頡像

相傳黃帝史官倉頡造字。

殷商時代刻在龜甲以及牛肩胛骨上的「甲骨文」，主要用來紀錄占卜的卜辭，是今天能看到的中國最古的文字。

商期開始，青銅器上出現鑄刻文字，後稱「金文」，又稱「鐘鼎文」。周宣王（前827年-782年）的史官史籀，把這些文字整理成十五篇《史籀》，用來教學童識字，後人稱史籀整理的文字為「籀文」，又稱大篆。

中國與書相關大事紀

周朝初期則承襲商朝的制度將卜辭雕刻在甲骨之上，不久後才開始用筆墨將文字書寫於比甲骨更容易取得的竹簡與帛書之上，竹帛與簡帛便從此成為書寫材料的代名詞。而又因為使用竹簡，所以「直行書寫與篇」的概念開始深深地影響著人們的閱讀、構思與書寫習慣；其次又因為竹簡本身重量與體積的限制，使得每一篇的字數不可能太多；再者竹簡因為係由一簡一簡的方式編連而成，沒有足夠大的無縫連續平面承載圖畫，因而使得承載圖畫的任務只能落到了帛書身上。因此竹簡的使用使得圖文產生了分離。而從〈周易‧繫辭上傳〉：「河出圖，洛出書，聖人則之。」可知，圖文分離的現象早在以竹簡為主要書寫材質時就已開始。

春秋時，孫子撰成十三篇《孫子兵法》，其中的「篇」是竹簡的單位。

據說孔子讀《易》之時，曾經「韋編三絕」，韋編就是用牛皮做成的竹簡編繩。

《左傳》中稱引「夏、商、周」三國史書的文字資料，次數甚多，由此可見早在夏商時期，就開始有政府藏書流傳下來了。

莊子曾在〈莊子‧天下〉提到：「惠施多方，其書五車。」而當時的書籍型態為竹簡與帛書，由此可見當時的私人藏書只要達到五車的數量就已經夠嚇人了。

春秋中期至秦統一六國前，楚、吳、越等南方國家流行一種被稱為鳥書，又叫做鳥篆、鳥蟲書的書體。鳥書因其字形以鳥的喙、爪、翅膀或者全身做為裝飾，故有此名，同時鳥書也是中國裝飾性文字的開端。

前221年，秦國統一天下。秦始皇施行「書同文字」的政策，將六國文字統一改為由李斯、趙高、胡毋敬等根據大篆調整而來的小篆字體，而蒙恬則對毛筆進行改良。此外，秦始皇並採納丞相李斯的建議焚燒秦國歷史以外的書籍，只保留「醫藥卜筮種樹之書」，施行挾書律。

前207年，秦朝滅亡後，小篆逐漸被隸書取代。隸書由漢朝演化成「章草」（有別於後來書法中龍飛鳳舞的狂草），到公元三世紀（漢末魏初），草書、楷書、行書發展成熟，「楷書」傳為王次仲所創，並從此成為標準字體，至今通用。

夏　　　商　　　西周

4000BC.　3000BC.　2000BC.　1200BC.　　　1000BC.　　　800BC.

以歐美為主的其他地區與書相關大事紀

前4000年左右，蘇美人在兩河流域發明楔形文字，是現存人類最早的文字。這些楔形文字主要用木棒書寫在泥版之上，在經過曬乾之後加以保存。而正因為所採用的材質是泥版，因此火災對它不僅無害，反而使其更加堅硬而得以保存至今。

游牧民族閃米人後來征服了兩河流域，學習蘇美人的楔形文字。其中一支往地中海開拓的閃米人，又稱腓尼基人，在前1200年發展出了22拼音字母，並將原先由右至左的寫法改為由左至右的橫寫方式，影響後來希臘文字的出現。

前3000年，埃及發展出象形文字。使用的書寫材質則是其沼澤地帶生產的紙莎草紙（Papyrus）。不像後來中國造的紙，紙莎草紙未經化學反應過程，只是直接將其莖部黏壓而製成，因此並不被認為是真正的紙。此外，紙莎草紙有書寫面小、不適合摺疊、易毀損等缺點，主要以卷軸的型態呈現。今天英文的「Paper」（紙），就是起源於「Papyrus」。

前1000年左右，閃米人發展出阿拉米文字，成為日後希伯萊文字和阿拉伯文字的源頭。

前五世紀，希臘文字系統建立，成為日後拉丁字母的源頭。而從文獻記載中得知，此時的雅典已有書本的交易與收藏的現象。

前五至四世紀，《舊約聖經》寫成。

前400年左右，羅馬人建立了拉丁字母系統。

柏拉圖（前427-前347年）於前387在雅典創辦學院（Academy），主要教授數學、天文學及哲學等。

前323年，亞歷山大大帝逝世，他的部將托勒密取得埃及，是為托勒密一世。他建立了博學院（Museum），招來歐幾里得、史特雷波等知識分子。托勒密二世繼承他的遺志興建圖書館，成為當時最大的圖書館，並陸續吸收了如阿基米德與希波克拉底等學者的加入，使此城成為當時的文化中心。後來此圖書館一說被公元前48年洗劫亞歷山大的凱撒夷為平地，一說是公元300年時被入侵埃及的阿拉伯人所毀。

漢朝興起後，廢除「挾書之律」，「大收篇籍，廣開獻書之路。」到漢武帝時，又因「書缺簡脫，禮壞樂崩」「於是建藏書之策，置寫書之官，下及諸子傳說，皆充祕府。」到漢成帝時，又「以書頗散亡，使謁者陳農求遺書於天下。」並命劉向、任宏等人校勘書籍，撰寫目錄。劉向並首次提出：「讎校者，一人讀書校其上下得謬誤為校；一人持本，一人讀書，若怨家相對為讎。」而成為校勘學的鼻祖。劉向死後，漢哀帝又命劉向之子劉歆繼承父業。劉歆將書籍分為七略，撰成《七略》一書，既開了圖書分類的先河，同時也是目錄學、版本學的濫觴。

漢武帝時，董仲舒上疏罷黜百家、獨尊儒術，被漢武帝採納。使得百家學術趨於滅亡、先秦時期開創的科學成果與批判精神後繼乏人。

東漢初年，佛教傳入中國，開始翻譯佛經，大量外來語從此進入中土，融為中土文化。《四十二章經》是現存佛經中最早的譯本。東漢順帝時期（126-144年在位），張道陵（34-156年）創立道教，此後道教典籍開始繁衍。而從東漢起，政府也開始設立校書郎一職，一直到明清時期才被廢除。

據《後漢書》記載，當時的大學問家王充（27-97年）少時因「家貧無書」而「常游洛陽市肆，閱所賣書，一見輒能誦憶，遂博通九流百家之言。」由此可見當時書肆的規模已經不小。

東漢班固（32-92年）著《漢書》，作〈藝文志〉，首次將圖書分類目錄入史書之中。其後到唐朝魏徵（580-643年）著《隋書》後才又有〈經籍志〉專門用來記錄當時尚可得見的圖書目錄，並依照經史子集加以分類。至宋朝歐陽修與宋祁等合著之《新唐書》之後，史書中專責記錄書目的篇章開始統稱為〈藝文志〉。

東漢和帝元興元年（105年），蔡倫上奏改良紙張成功，〈後漢書·宦者列傳〉記載此事：「帝善其能，自是莫不從用焉，故天下咸稱『蔡侯紙』。」

嘉平四年（175年），漢靈帝接受蔡邕「以經籍去聖久遠，文字多謬，俗儒穿鑿，疑誤後學」而「奏求正定六經文字」的請求，命刻工為蔡邕用丹車的經文石碑鐫刻立於太學門外，成為日後拓印的源頭，同時也使得雕版印刷的概念漸漸成形。

春秋　　　　　　　戰國　　　　　　秦　　　　　　　　西漢　新莽　東漢

600BC.　　　　　400BC.　　　　　200BC.　　　　　50BC.　0

卡里馬科斯（Callimachus，前305-前240年）在為亞歷山大圖書館編制圖書目錄時，將圖書依作者身分分為六大類：詩人、立法者、哲學家、史學家、修辭家、演說家、其他（包括醫學家、數學家、雜家）。

前263年，印度文字出現，其中的婆羅米文字成為今天印地語的重要基礎。

皮革在埃及時代就有人偶爾用來書寫。前二世紀，小亞細亞的波加蒙（Pergamum）國王也想建一個圖書館，由於埃及托勒密王擔心波加蒙的圖書館超越自己，所以禁止出口草紙。結果激使波加蒙利用動物皮革，成功研發出以兩面書寫的羊皮紙，反而成為接下來歐洲人重要的書寫工具。羊皮紙的英文Parchment就是起源於Pergamum。

前一世紀，羅馬文學大盛。維吉爾（Virgil）對羅馬人的意義，相同於荷馬對希臘人的意義。

奧古斯古大帝建立第一個公共圖書館。接下來羅馬的貴族流行建立圖書館，到公元一世紀時，有一位哲學家抗議這些貴族把圖書館視同家裡的浴室一般必備，卻只是裝模作樣，極少閱讀。

二世紀，基督教徒認為紙莎草的卷軸型態是異教徒的閱讀習慣，為了不同於異教徒的閱讀習慣而決定採用Codex的型態製作《聖經》。Codex原本是由數塊相同尺寸的木片所構成的筆記本，其組裝方式是在其邊緣上鑿洞後用線穿綁而成。因此當決定使用這種型態而又要具備大量書寫的功能時，勢必要放棄厚重又佔空間的木片，而在輕薄的紙莎草紙與羊皮上進行選擇；最終羊皮以其耐磨損、書寫面廣等重要特點取勝。而這樣的抉擇也使得後來的歐洲所使用的書籍材質以動物的皮革為主，與中國自竹簡以來偏向於採用植物性的材質形成了很大的差異。又因為歐洲初期文字並不發達，基督教會為了使人民能理解《聖經》的內容，而以大量的插畫代替了文字的敘述，這樣子的《聖經》也因而被稱為窮人《聖經》。
拉丁文Codex的原意是「用木頭做成的東西」。

東漢人崔瑗在《與葛元甫書》中略帶歉意的說道：「今遣奉書……並送《許子》十卷，貧不及素，但以紙耳。」而魏文帝曹丕也在寫出得意之作《典論》時，「以素書所著《典論》及詩賦餉孫權，又以紙寫一通與張昭。」由此可見當時以紙書寫已極為普遍。

據西晉惠帝永興元年（304年）嵇含完成的《南方草木狀》記載，284年越南曾進貢三萬幅「蜜香紙」給中國。蜜香樹即「Garco Wood」，產於越南。

魏祕書郎鄭默撰作《中經》，祕書監荀勗又因此書撰作新的目錄，將群書分為甲乙丙丁四部，其中乙部收諸子及兵家書，丁部則收有出土文物汲冢書。四部共計收錄29,945卷書目。此後，東晉李充將乙丙兩部調換，成為經史子集的順序，其後的南朝宋、謝靈運、南齊、王亮、謝朏所作目錄也都分為四部，而經史子集的順序亦從此而定。

後魏賈思勰的〈齊民要術‧雜說〉中就已提到紙質卷軸裝的缺點：「凡開卷讀書，卷頭首紙，不宜急卷；急則破折，折則裂。」此書並介紹了周延的護書流程以及改良筆、墨的方法，還有如何使用雌黃修改紙上錯字的介紹。這些信息也暗示著竹簡已經逐漸的淡出了書寫載體的歷史舞台。

東晉桓玄在402年殺掉司馬元顯篡位之後，為了使自己在批閱公文的時候能更為便利，於是下令：「古無紙，故用簡，非主於敬也。今諸用簡者，皆以黃紙代之。」是繼蔡倫改良紙張之後，另一件促使紙張迅速取代竹簡的原因。
到了唐高宗上元三年，因為「敕制比用白紙，多為蟲蠹」而下令：「今後尚書省下諸司、州、縣，宜並用黃紙。其承制敕之司，量為卷軸，以備披檢。」是繼桓玄之後再次下令所有政府公文均採用黃紙的皇帝。

顏之推〈顏氏家訓‧書證〉中已提出「江南本、河北本」的說法，由此可見版本的概念早在手抄書的時代就已產生。後來的版本則主要指宋朝時使用雕版印刷印製的書籍。

公元589年隋文帝滅掉陳國統一天下之後，所收圖書已達三萬餘卷。隋煬帝又命人「寫五十副本，分為三品：上品紅琉璃軸，中品紺琉璃軸，下品漆軸。」並構築東西屋以收藏甲乙丙丁四部書。

進入唐朝後，太平盛世，不論是科舉還是文學創作所需，都使得抄書業再進一步發展，專以抄書為職業的人叫「經生」。開元時期，唐朝政府將甲乙丙丁四部各藏於一庫，並設立校書郎、楷書手、典書、揚書手、筆匠、熟紙裝潢匠等職位，以滿足校書、抄書、拓書與裝訂成書的工作需求。

三國	西晉	東晉	南北朝	隋
200		400		600

第三世紀，中國造紙術傳入了越南。百濟國王遣使日本，帶去《論語》等書，中國文字傳入日本，此後日本在很長的一段時間通用中國的字書。四世紀後，造紙術傳入朝鮮，五世紀傳入日本。

羅馬皇帝君士坦丁（306-337年在位），因皈依基督教，而下令焚燒異教徒書籍，以及對圖書館與博物館進行大規模破壞。

395年，羅馬帝國分裂為東、西羅馬帝國。

第六世紀，鵝毛筆出現。

512-513年，阿拉伯文字出現。

529年，拜占廷皇帝查士丁尼（Justinian I，527-565年在位）查禁柏拉圖學院，將許多知識分子流放到邊遠地區。

622年，穆罕默德逃到麥加避難，回教紀元開始。在接下來的一百年間，回教建立了一個橫跨中亞、北非及西班牙的大帝國。而回教的東征西討與擴大版圖，也帶動了東西各種文化的交流。

650年，《可蘭經》以阿拉伯文字記錄下來。

748年，大食軍隊打敗高仙芝，俘虜了許多唐朝士兵。造紙術因而隨著被俘的唐朝軍隊中的造紙匠傳到了撒馬爾干，阿拉伯世界因而有了造紙術。阿拉伯世界欠缺植物，造紙原料很長一段時間逗留在使用破損的衣料（亞麻布）階段，造出來的紙質不夠細膩，因此又使用漿糊來給紙面填料美白。

第八世紀中葉，日本人發明日文片假名、平假名。

768年，查里曼成為法蘭克國王，想要重振羅馬帝國雄風，800年時，被封為西羅馬帝國國王。查里曼重視文化與教育，請學者制定一種特別的加洛林書寫字體。每個字相互獨立，是後來羅馬體的源頭。查里曼大帝有鑑於各種手抄本書籍不免疏漏，並且以訛傳訛，為了正本清源，因此要僧侶鑑別出各種書籍最早最權威的版本，然後根據這個版本，用他所制定的加洛林字體，精心謄寫，並打上特殊標記，表示這是精確複製的版本。
小寫字母的出現，則始於中世紀的僧侶與書法家們抄寫Codex時逐漸發展而成。

貞觀年間（627-649年），魏徵的〈隋書‧經籍志〉中，書籍的單位已經全面稱為「卷」，而書籍稱「篇」的歷史也徹底在此劃下了句點。

唐文宗於835年命鄭覃主持開雕《周易》、《尚書》及《毛詩》等經書於石碑上，於837年竣工，稱為開成石經。後來五代蜀主孟昶又刻十一經於石碑上，歷時八年而成，稱為蜀石經。兩者皆對古文獻的保存與推廣起過一定的作用。

龐大的抄書與閱讀需求，到七世紀末，武則天時期催生了雕版印刷術，為世界雕版印刷之始。雕版印刷之後，才開始有了「版本」的名稱，版本學也成為目錄學的一部分。

雕版印刷發明之後，書頁的概念也已經出現。起初，雕版印刷主要用來印製佛經與曆書，但五代時，後唐馮道奏請由國子監用雕版印賣儒家經書，是政府主辦出版活動的開端，也是儒家經典的第一次開雕。而少年家貧的毋昭裔當上後蜀宰相，出資

百萬在四川開館雕《九經》，953年完成。毋氏書籍遍銷海內，是私人使用雕版印製儒家典籍的開端，也成為中國第一個賣書致富的私人出版家。

唐朝初期至中葉，書籍裝幀陸續出現了經折裝、旋風裝等形式，而大約五代時，蝴蝶裝的裝訂形式開始出現。這個裝幀形式經過陸續改良之後，在宋末又出現了包背裝，最終則演變成明朝的線裝，書籍的型態從此便固定了下來。

雕版印刷盛行後，人們對於印刷字體也開始講究起來。宋朝便開始流行唐朝書法家歐陽詢、柳公權以及顏真卿三人的字體，而元明兩朝則又流行元朝書法家趙孟頫的字體，到了清朝時則流行自創的館閣體。

宋太宗趙光義繼位後，開始命舊臣編纂《太平御覽》、《太平廣記》及《文苑英華》等書，並命人將收集到的七千餘卷道家書籍編為《道藏》。

北宋文學家歐陽修（1007-1072）晚年自號六一居士，曰「吾《集古錄》一千卷，藏書一萬卷，有琴一張，有棋一局，而常置酒一壺，吾老於其間，是為六一。」其中的《集古錄》是指三代以來金石文字彙編。而由歐陽修的一萬卷藏書量也可見當時的私人藏書數量已經很可觀了。

畢昇發明膠泥活字印刷術，為世界最早的活字印刷術。有關畢昇的發明，見於宋朝沈括所著《夢溪筆談》。他印刷出來的書籍不見傳本，本人生平也別無其他文獻可考。使用畢昇方法印刷的書籍流傳下來的也很少，1989年在甘肅發現的西夏文《維摩詰所說經》（下卷殘本），是採用畢昇的膠泥活字印刷。

靖康之亂後，國子監所有版本，全數為金人所掠。所以真正的北宋版本傳世不多。

1298年，王禎改進畢昇的膠泥活字，創造了木活字。

五代　　　北宋　　　南宋　　　元　　　明

1000　　　1200　　　1400

中世紀歐洲的書，主要是在修道院裡手抄製造、保存與閱讀的。書籍的內容，也主要和聖經有關。這些書裡有耶穌或聖徒的插畫時，頭上都有光圈，因而這種插畫不以通常的illustration稱之，而有一個特別的稱呼叫illumination。

1150年，阿拉伯人將造紙術傳入西班牙，再逐漸傳入歐洲其他地區。沒有紙張之前，歐洲為寫作一本《聖經》，需要大量的羊或小牛的皮。這還不談為了處理皮革所需要的工夫。
歐洲一方面承續蘆葦筆與鵝毛筆的書寫需求，一方面受阿拉伯世界的影響，因此開始造紙之後，也以紙質的堅韌為尚。到工業革命有四百多年時間都是主要以麻布為造紙原料。因此，十三世紀，黑死病侵襲歐洲，人口大量死亡，留下來的大量麻布衣料反而有助於充當造紙剛興起時期的原料。

1095年，為了解救被土耳其人佔領的耶路撒冷，十字軍東征開始。前後共進行了八次，直到1291年結束，長達兩個世紀。

十三世紀，基督教成立「宗教法庭」，以迫害任何宣揚不符合宗教教義知識的異端分子，直到十九世紀因此而死者達50萬人以上。同時，《聖經》的語詞索引，開始使用字序索引編目法。

1234年，高麗崔怡用金屬活字印製《詳定禮文》，是使用金屬活字印刷的最早紀錄。

中世紀早期歐洲的圖書館採用三藝、四學的類目來分類圖書，三藝指「語法、邏輯和修辭」，四學指「算術、幾何、天文和音樂」。

大約十四世紀下半，歐洲開始出現一些雕版印刷的嘗試。但主要是用來做一些版畫，文字部分則以雕刻之困難而不成氣候。算是活字印出來之前的一個過場，也因為這個原因，很多西方人把中國的雕版印刷也等同視之，以為雕版印刷只是邁向活字印刷的一個前階段序曲而已。

明朝開始出現線裝書。

明朝初葉，對書籍有各種鎮壓。除了明太祖與成祖都大興文字獄之外，《大明律》不但「諸陰陽家偽造讖識，釋老家私撰經文，凡以邪說左道誑民」之人都要受到懲處，還規定「諸陰陽家天文、圖讖、應禁之書，敢私藏者罪之」。那「應禁之書」就因為不曾明言，所以也就包含了無限的可能，而這對書籍的創作與刊行確實達到了有效的遏止。

嘉靖年間之後，箝制稍鬆，私刻書立即大興，甚至遠盛於以往任何一個朝代。只是利之所趨，坊肆林立，品質則不如宋元刻本，不但校刊不夠精細，許多書籍甚至擅改內容與書名。因而後來考據家有一說：「明人好刻書而古書亡。」

1583年，利瑪竇來華。他目睹中國雕版印刷相對於活字排版之便利與節省成本，撰文大為感嘆。

萬曆十八年（1590），歐洲傳教士首次在中國使用西方鉛活字印刷術印製拉丁文書籍《日本派赴羅馬之使節》。

1562年，范欽在浙江創建「天一閣」，藏書之富，首屈一指。之後雖歷經劫難，至今猶在。

十七世紀初，常熟人毛晉售地千畝，成立「汲古閣」，專門買書刻書。死後，出版事業沒有繼續，藏書和存版都被後人出售。

明朝中葉以後，銅活字印刷發明。

1621年，茅元儀歷時15年完成長達240卷的《武備志》，是中國篇幅最大的一本兵書，同時他也是著名藏書家茅坤的孫子。茅坤的白華樓是明朝著名的藏書樓之一，他並編有《唐宋八大家文鈔》，對此後的文壇影響深遠。茅元儀則根據白華樓藏書編成《白華樓書目》，將書籍分為九學十部。九學：經、史、文、說、小、兵、類、數、外。九學再加上世學則稱為「十部」。

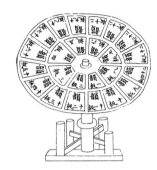

崇禎年間，在原有的分色分版的套印法：「餖版」的版畫印刷基礎上進一步發展出「拱花」技術，使得書籍上的版畫產生出了立體感。

1701年，陳夢雷開始編纂《古今圖書集成》，至雍正六年（1728年）完成。

清廷開四庫全書館，編纂《四庫全書》，以紀昀為總裁官，全部完成於乾隆五十二年（1787年），是中國最大的一部叢書。《四庫全書》雖然在客觀上保存了大量文獻，但是基於政治上的原因，許多不利於清廷的書目也遭到禁燬和刪改。

明

1400

1500

1600

十五世紀，韓國世宗大王發明韓文。
1436年，朝鮮《文獻撮錄》記載《通鑑綱目》使用了鉛活字印刷術，是目前可見的最早使用鉛活字印刷的書籍。

在古騰堡活字印刷出來之前，書的生產極為耗時又昂貴。如果一個工人的年收入是兩英鎊的話，那麼一本《聖經》的要價是三十英鎊。一本一千三百頁左右的《聖經》，得靠兩位抄寫員工作五到八年才能完成。1455年，古騰堡在歐洲發明了用活字來排版印刷，所產生的鉅大影響，乃足以稱之為革命。他用鉛活字印出著名的十四行《聖經》，以紙和羊皮紙兩種不同材質共印了兩百冊。其中12本羊皮紙版，36本紙張流傳至今。他用的字體被稱為古騰堡體。古騰堡生前雖然沒有從他的發明中得到什麼好處，但是他的發明無與倫比地加快了大歐洲的知識產生與流通的速度，影響了西方接下來三件大事：文藝復興、宗教改革以及科學之發展。

早期活字印刷由於排好的版在印刷完成之後保存不久，就要拆掉以便用其中的活字重新另排他書，如果要再版則又要重排，所以經濟效益反而低於中國的雕版印刷。中國的雕版印刷可以一次雕好之後，長久保存，隨時再版，所以不論在速度還是成本上都遠較西方的活字印刷為優。

1490年，西班牙焚毀了一個藏有六千卷書的藏書樓。

1497年，天主教教會發動宗教狂熱運動，以「色情與墮落」為由焚毀《十日談》與但丁等人的文學作品。

1545年，格斯納（Conrad Gesner, 1516-1565年）編制出版歐洲第一部大型書目《世界書目》（Bibliotheca Universalis），他將知識分為21大類，250個細目，書中按字序羅列1800個作者的著作、註釋與評價。

1559年，天主教會的羅馬異端裁判所出版了第一本《禁書索引》（Index Librorum Prohibitorum），列出幾百種神學作品和世俗著作，認為他們都會對羅馬天主教的信仰及道德造成危害。

1571年，庇護五世下令設立「禁書目錄部」，專門從事有關禁書目錄的編纂。教會不只頒發禁書目錄，而且還著手燒書。

1592年，豐臣秀吉從朝鮮漢城搶得銅活字等活字印刷工具及活字印本書籍，是活字印刷術傳到日本的開端。隔年，日本開始利用活字印刷術印製《古文孝經》。1605年，德川家康以《後漢書》為藍本鑄造大小銅活字近十萬個，隔年竣工後將之獻給陽成天皇，是日本鑄造活字的開端。

1641年，巴斯卡（Blaise Pascal, 1623-1662年）發明手動計算機，能進行加減運算。

十八世紀，西方書籍在起頭文字上使用的裝飾字體因受到浪漫主義的影響，而呈現出極端華麗的樣貌。裝飾字體與中國鳥蟲的概念相近，但因過於藝術性，一般只在起頭文字上使用。而這些裝飾字體的起源也很早，約莫在十世紀以前便已產生，其中花朵、樹葉、藤蔓及人物是常用的裝飾物件，而物件的使用與字體的風格也通常反映了書寫者的文化與時空背景。

平津館樓主孫星衍依據館藏書目編有《孫氏祠堂書目》，書籍分類首次跳脫《四庫全書總目》以來底定的四部框架，而將書籍分為十二類。直到百年之後，張之洞又在《書目答問》中新增四部之外的叢書一部，而由顧修於1799年編成的收書161種的《匯刻書目》則是第一本叢書目錄。

1807年，來華傳教的英國傳教士馬禮遜開始在澳門雇人刻製中文活字字模以鑄造鉛活字，是用西方鉛活字技術製造中文活字的開端。後來印製的《馬禮遜字典》（A Dictionary of the Chinese Language），是中國首次使用西方鉛活字印製中文書籍的開端。

1843年，根據《南京條約》與《五口通商章程》的約定，上海成為對外通商口岸。而英國傳教士麥都思也在此地開辦「墨海書館」（London Missionary Society Press），首次使用機械印刷設備印製書籍。1859年，美國印刷技師姜別利（William Gamble）在寧波美華館改進中文活字規格，定出七種標準，奠定了中文鉛字制度的基礎。1860年，新教教士在上海創立美華印書館，近代機器印刷輸入中國。大約從此時起，中國的書籍印刷文化，與過去的傳統告別。

賀新麗攝影

1862年，清廷在北京設立同文館，翻譯出版西方著作。

1897年，夏瑞芳、鮑咸恩、鮑咸昌、高鳳池等人在上海創辦商務印書館，揭開中國現代出版之序幕。

1898年，嚴復翻譯《天演論》。張之洞發表《勸學篇》，提出「中學為體，西學為用」的主張，西學之中，再分「西政」與「西藝」，而「西政急於西藝」，深刻影響其後的中國教育與閱讀觀念。

1899年，金石學家王懿榮因患瘧疾而服食摻有「龍骨」（甲骨）的藥劑，而發現了甲骨文。

黃虞稷為明末清初著名藏書樓千頃堂的主人，編有《千頃堂書目》，並於康熙十八年（1679）經由徐元文上疏推薦而共同參與纂修《明史》。而其《千頃堂書目》更成了〈明史·藝文志〉的底本，是歷史上唯一一次將私家藏書目錄當成官修正史藝文書目底本的例子。而乾隆年間的知不足齋主人鮑廷博更在乾隆下詔編纂《四庫全書》時捐贈六百二十多種古籍，是當時捐贈書籍的大戶之一，並因此而得到乾隆御賜一部《古今圖書集成》。由此可見藏書家的影響力不僅止於民間了。

1718年，康熙用洋人之法測繪《皇輿全覽圖》，歷時十年而成，以西洋銅版刻印。

1736年，呂撫發明陰文正字泥字母。

清朝康熙、雍正、乾隆三朝，大興文字獄，為歷來之最。乾隆、嘉慶時期，考據學派出現。

清

1700　　　　　　　　1800　　　　　　　　1900

西方目錄學Bibliography源自兩個希臘字的結合，原來是「寫作書籍」的意思。到了十八世紀，在法國，這個字改為「有關書籍的寫作」的意思，也就是含有目錄學的意思。不像中文裡版本學和目錄學是兩個不同的詞彙，Bibliography兼有目錄學與版本學的涵意。

1751-1772年，狄德羅（Denis Diderot，1713-1784年）邀集孟德斯鳩、盧梭及伏爾泰等140名學者撰寫現代意義上的第一本《百科全書》，初版內文共17卷、圖11卷。1768年，第一版的《大英百科全書》在蘇格蘭推出。

1769年，瓦特改良蒸氣機，為工業革命揭開序幕。

1798年，法國人羅勃（Nicholas-Louis Robert）為加快紙張的生產速度而發明了轉動抄網，以代替之前的手工篩網來製紙，而因產出的帶狀長條紙卷質地均勻目幅度相近，因而開始取代傳統的製紙工藝。

1798年，塞納菲爾德(Alois Senefelder，I771-1834)發明石版印刷術(Lithography)，在平面上印刷，揭開平版印刷術(Planography)的序幕。由於石版印刷使用硝酸等原料，因而又有化學印刷(Chemical Printing)之稱。石版印刷術 Lithography一字，由希臘文字「石」Litho 和「寫」Graphein組合而成，後來就成為平版印刷術的代名詞。十九世紀中葉之後，石版印刷進入中國，產生莫大的震撼。

十九世紀，西方精裝書的書殼開始採用布面材質以取代皮革。

1804年，英國斯坦荷普伯爵發明用來鑄造印刷鉛版的泥模版。

1814年，英國開始使用蒸汽動力機械印製報紙。

1829年，法國謝羅為消除泥模版容易碎裂的缺點而發明了紙型。紙型出來之後，活字印刷排好的版可以保存，相對於雕版印刷的優勢就明顯起來了。

1831年，法拉第發明發電機。

1840年，凱勒（Friedrich Gottlob Keller）與瓦爾特（Friedrich Voelter）發明木材研磨機以將木材磨製成纖維漿，用木纖維漿來取代之前的造紙原料（亞麻破布）。此時，配合著工業革命，機器紡織大興。歐洲棉織衣料多起來，也有足夠的棉來當造紙原料。1851年，英國化學家發明碳酸鈉製紙漿法。1884年，德國化學家發明硫酸鹽製紙漿法，因製造出的紙張纖維非常強韌，而被稱為牛皮紙漿。

1850年，考古學家在亞述古都尼尼微（Nineveh）廢墟發現了藏有二千多塊楔形文字泥版的房間，據推斷為前七世紀時亞述國巴尼巴（Assurbani-pal）王朝的政府藏書。

1867年，馬克斯發表《資本論》，索利斯（C.L. Sholes）發明打字機，同年，盲人點字書出現。

在花開的季節，
讓愛傳出去

明日便利書 030

花知道
台灣賞花春日紀實

疑夢疑真的梅林幻境
緋寒之色，魔女之花
杏花暮雨金結香，誰能不心動？

內附餐飲優惠券
COUPON

售價 49

明日便利書 031

我想要爸爸，我想要媽媽，我不想一個人長大，我只想要個家

好想有個家

售價 49元

Flowers & Love

全家便利商店
全家就是你家

請這裡有賣！

明日工作室股份有限公司　台北市111後港街66號
TEL：02-28811260　FAX：02-28810756　http://minibook.tomor.com

Part 3
迷戀之人
The Lovers As Hunters

開篇先說「獵」字。漢語中「獵」有實指有虛指。「搜捕禽獸」是實指；「追求以期思有斬獲」是虛指。用作虛指時意義似乎多為負面，比如：「獵豔」。再比如：「獵奇」。《辭海》釋為：「刻意搜尋新奇的事物。有時用為貶意。」與書有關的「涉獵」一詞，意謂讀書博泛而不專精，泛泛瀏覽，不深入鑽研，終難成就學問大事。《辭海》引《漢書・賈山傳》顏師古注：「涉，若涉水；獵，若獵獸。言歷覽之不專精也。」雖為貶意，與書生出瓜葛的歷史不可謂不久遠。只是說到「獵書」和「獵書者」，若我推測得不離譜，這兩個詞當是出自英文的Book-hunting和Book-hunter，屬於現代的舶來品。普天之下人類思維和語言的巧合實在奇妙得很。《牛津大詞典》（OED）釋「Hunt」竟也跳不出實指與虛指這兩端，讀來親切。

脈搏奔流的感覺

談「獵書」不能不提到1948年七十三歲時去世的著名英國文人Holbrook Jackson。豈止「獵書」，凡是愛書人能夠想的到甚至連想都想不到的話題全被老先生他梳理得幾乎窮盡了。如果說Richard de Bury開啟了西方書話的文類，那麼Jackson便是西方書話瑰寶的集大成者。難怪，Francis Meynell曾把這位視書為精神的空氣、食物和飲料的飽學之士稱為書籍世界的「指揮家，而不是作曲家，並且是位光彩照人的指揮家！」他的著述中，我最珍愛的是他初版於1930年，題為《解剖愛書狂》（The Anatomy of Bibliomania）的「書話百科全書」。當年在紐約一家舊書店見到這部體大精深的著作時，我幾乎興奮地驚呆在架子前。那景象猶如一個新獵手猛然間見到了恐龍的出現。從此，這部近七百頁，三十二分共二百節的巨編

獵書者的私密忠告

獵書的欲望只要無時無刻不強烈燃燒在漫長卻充滿希望的耐心裡，上天總會還給你意想不到的大驚喜。

文—王強
攝影—陳政

古人三上讀書的遺風之一：廁上讀書。

就成了我旅行箱中的必備，成了我自己精神的空氣、食物和飲料。

《解剖愛書狂》第二十一分（Part XXI）以十四節共三十五頁的篇幅剖析了「獵書」（Of Book-Hunting）的方方面面，真是蔚為大觀，可以稱得上是走入「獵書者」心靈的《聖經》。

Jackson旁徵博引強調「獵書」極有益於「獵書者」的身心健康。同世上其他的娛樂活動相比，唯有「獵書」能帶給人安全的恬靜和無與倫比的愉悅：

「就算一個獵書者未能如願以償得到他想得到的書，那他步行到書店去本身也是有益健康的。到了書店，他多半會同那些滿肚子掌故、令人開心的賣書人愜意地聊天。身在群書環抱中，同一冊冊書籍交談，這兒看看，那兒看看，品味各式各樣的書名頁，快樂體驗著手觸摸到精細裝幀時的感覺，體驗著看到完美版式時眼為之一亮的感覺，體驗著突然發現一本不常見到的書時脈搏加快的感覺……」，這段描繪「獵書者」獲得獵物時的微妙心理完全可以叫板屠格涅夫的《獵人筆記》。

什麼樣的人才配稱之為「獵書者」呢？一個「獵書者」首先得為獵書的欲望或愛書的欲望所動。尋訪書籍的熱情當勝過其他所有的熱情。尋訪書籍的過程和獲得獵物的剎那同樣能令其心動。其次，「獵書者」必須心誠、眼明、在行。甘當業餘終究成不了真正過硬的「獵書者」。

比照Jackson他老人家給出的兩個條件，我究竟算不算「獵書者」呢？

坦白地說，購書、求書的欲望有時強、有時弱。可只要財力允許，對於心儀的書我是不會皺眉頭的，而且中意的書必備兩套，一套插架，一套翻閱。錢鍾書的文集國內書房的架上就立著兩套。周作人的文集，鍾叔河編的不算，止庵校訂的河北教育版就有兩套。弗雷澤（J. G. Frazer）的《金枝》（The Golden Bough）雖未必多麼精深，卻絕對稱得上博大。坊間偶能購得的一卷節本不過是十二卷的「滄海之一粟」。幾年裡搜尋到麥克米倫1913年前後出齊的第三版十二卷本兩套，其中於今年購到的那套燙金硬封和書脊簇新，書頁尚未裁開，像是才從印刷廠出來的。不用說這十二卷本匯聚了二十世紀以前人類大部分迷信與習俗的標本，具考古學上的巨大價值，就是常讀弗雷澤乾淨、簡潔、縝密的英文所帶來陽光般透明的樂趣是讀許多今人的英文著作無法品味到的。

獵人的分類

獵書的激情跟著我進入北大，然後負笈美國，再然後回國創業。心境好的時候去書店是理由；心境差的時候去書店更是理由。書店是我的第二狩獵場。第二狩獵場，我指的是獲得獵物的地方。時間在這裡往往意謂著只是「剎那」。獵書的準備，欲望的點燃，激情的延續是從第一狩獵場開始的。什麼是我的第一狩獵場？說出來很是簡單：圖書館和學者的文集。而時間在這裡則往往意謂著「窮年累月」，以至「永遠」。

我進圖書館從來不打算真去借書，只是習

慣隨身帶上一枝筆和一個小本子，走進書架構築的書林中，「流觀架上，名近雅馴者，索取繙檢。要籍精本，必時遇之。」（張之洞《輶軒語》）。邊做書林散步，邊記下書名、著者、出版商及出版日期，對書的價值及內容略記數筆，回到家中書房錄入我的「欲購書單」，依照迫切程度分別標上一至五星爲號。從圖書館記下的書名待相遇於第二狩獵場即書店時，便連翻檢的時間也會省下，因爲畢竟像是兩個眞人傾談良久終成相識一樣，彼此早已建立了相互的信賴，犯不著生疑或是猶豫。Jackson把獵書者分爲兩類：旨在滿足獲得欲望的物質型和旨在提升與滋養對書籍的品味的精神型。圖書館正是能同時滿足這兩類獵書者的絕佳場所。珍本祕笈非自己財力所及，飽飽眼福已應知足。財力範圍之內的書從外觀到內容，時時溫故，生書漸成熟書，從容中對書的品味越煉越純，終有一天覺著是站立在了巨人的肩膀上，獵書的眼界與識見陡然寬廣和深入起來。

學者的文集在我心目中往往成了繪製精細，呼之欲出的「獵書地圖」。這要稍作解釋。依我的偏見，學者可分作兩類：一類坦誠；一類取巧。伯林（Isaiah Berlin）在那篇研究托爾斯泰史觀的著

▶夜貓都睡了，而讀書人還醒著。
▼間章之一：鹿廬主人過目一樂。

名論文中曾把學者分爲「刺蝟」型和「狐狸」型，並引古希臘詩人Archilochus詩行加以申明：「狐狸知道的不少，但刺蝟卻精通一樣。」（The fox knows many things, but the hedgehog knows one big thing.）我的劃分自然不是伯林博與精意義上的劃分。我的所謂「坦誠」型指的是我能從他文字中輕易看清楚他「思想」的「心路歷程」；我的所謂「取巧」型指的是我絲毫看不出他「思想」所由來的軌跡而這軌跡泰半是被精心抹去了，好像是出於動物怕被追

捕的本能，小心翼翼用文字的樹枝、松土或是積雪掩藏住自己的腳印或排泄物，讓循跡或循味而至的獵手擁抱荒涼的絕望。如果「太陽下沒有新東西」這話成立，我更情願接近那些「坦誠」型的，這至少讓我覺著親切和放心。

錢鍾書和周作人是我景仰的「坦誠」型學者，他們的文字自然成了我最信賴的良師益友。有人嘗譏錢氏「掉書袋」、周氏「文抄公」。若求知爲的是做人，而做人最難得的境界是坦誠的話，這些人的譏諷就會不攻自破。炫耀自己思想的「新穎」和「獨創」的所謂「取巧」型學者們也就像自以爲身著新裝的皇帝，一路傲慢地走著，卻不知早已被孩子澄澈而致命的目光刺穿了。參透這一點，「掉書袋」、「文抄公」們的可愛以致可敬便不言自明。敢於把自己思想所由來的軌跡一一昭示出來所需的不僅僅是表達的勇氣，更需要的是來自學術本身的自信和底蘊。從獵書者角度看，這類貫於一絲不苟引經據典的學者著述中的引文和腳注便成了價值不菲的獵書指南或嚮導。

愛，是恆久忍耐

我曾無數遍仔細閱讀錢氏《管錐編》一書

▲誰知盤中書，頁頁皆辛苦。
◀美學拾穗老人留下來的珍貴的書《麥穗》。

的腳注，自以爲從中獲得的趣味和滿足感不下於閱讀它的正文。從這裡，我記住了《The Loeb Classical Library》、《The World's Classics》、《Everyman's Library》和《Bohn's Library》這些個歷史上由學術和文藝匯聚而成的文化的「珠穆朗瑪峰」。依著錢氏品味可信的引導，十幾年來我像一隻飢餓的獵犬，走進一家家舊書店，不放過一架架書冊，辛苦而自得其樂地採摘下來自這些珠峰的「雪蓮」。望著自己書房書架上因偶然的際遇和斬獲漸漸擁擠起來的「獵物」的隊列，心中的滋味早已非語言所能眞切摹寫出來了。寫至此，一抬頭看見書桌對面右側玻璃書櫥下面第一格中Robert Burton的《憂鬱的解剖》（The Anatomy of Melancholy）和曾做過英國首相的迪色雷利的父親 Isaac Disraeli 的《文苑搜奇》（Curiosities of Literature），便總覺著是錢先生送給的珍貴禮物。這些年來怎麼整理擺弄櫃裡架上的藏書從未動過讓他倆分開的念頭也許就是對錢先生默默的感念。

周作人引領我進入到性學、文字學以及兒童經典的叢林。1994年1月19日New Paltz的《購書記》查得如下紀錄:

「連日大雪封門,今日始停,但氣溫極低。這場雪暴爲紐約州歷史上所罕遇。踏雪至Main Street上之舊書店。見破唱片旁有白色精裝書一冊。覺眼亮。抽出。大喜過望。乃十六世紀阿拉伯世界的Shaykh Nefzawi的性學經典《香園》(The Perfumed Garden)。讀周氏文集見有此書紹介。校圖書館已有目無書,未之見。今雪天得「禁書」,眞是快哉。書況極佳。白布硬封,紅色花飾與金字相映,可謂楚楚動人。毛邊。271頁。紐約G. P. Putnam's Sons 1964年美國首版二印。大名鼎鼎的Richard F. Burton英譯。此版前有Alan H. Walton長達55頁的引論,敘此書的誕生、版本流傳、在性學文獻以至瞭解阿拉伯文化方面的價值甚詳。珍藏之。」

周氏曾紹介理查·褒頓(Richard F. Burton)《天方夜譚》的英譯並不無惋惜地慨嘆未能得其全譯。靄理士(Henry Havelock Ellis)是周氏引爲同道的思想家,文集中屢次引述。從此,我又踏上了搜尋Burton和Ellis的獵途。

1993年6月4日紐約布魯克林的《購書記》有這樣一條:

「未打工前趁閒至曼哈頓Strand一逛,沒想到竟獵得Ellis大著《性的心理學研究》(Studies in the Psychology of Sex)。褐色硬面精裝七卷。費城F. A. Davis Company 1910-1928年版。書況甚佳,書頁無筆劃痕,亦無破損。近讀知堂文,見其多次提及Ellis氏,評價頗高,起搜求之興味。見僅此一套,且版本書況理想,以美金四十元購得,此之謂物美價廉也。同時在店裡搜得Ellis氏自傳《我的一生》(My Life),精裝,647頁,毛邊,波士頓Houghton Mifflin Company 1930年版,書況極佳。甚得意。」

當然,心誠的結果使我玻璃書櫥中最終並排立起了褒頓《天方夜譚》的兩套全譯。紐約The Heritage Press 1962年重印《有限版本俱樂部》1934年六卷合訂爲三卷共3,975頁的版本。書況之新少見。精裝再加上著名的Valenti Angelo專門繪製的1,001幅洋溢著阿拉伯風的插圖,插圖全爲單線勾勒,乾淨得神聖,每次翻開書頁總禁不住把玩良久。購這套珍品不過用了45美元。另一套是《褒頓俱樂部》自印發售的十六卷精印本,毛邊,收正編十卷,補編六卷。雖未印印製日期,從字體及版式推斷極像是其在1885-88年推出的被認爲是「里程碑」式的全譯全注本。豈有放過之理。500美元一套也花得心花怒放,怪哉。

回味二十年來國內外獵書的經驗,我忽然意識到自己的另一大收獲是養成了等待的耐心,而獵書的欲望只要無時無刻不強烈燃燒在漫長卻充滿希望的耐心裡,上天總會還給你意想不到的大驚喜。套用哲人伏爾泰(Voltaire)的話說就是:獵書者的天資即是持久的忍耐。眞的,記住「忍耐」。這是一個獵書者所能給出的最私密的忠告。(2003.12.25美國新澤西) ■

本文作者爲文化工作者

怪書立體動員令

很多不能擺上檯面或登堂入室的收藏，只能在私底下暗著來暗著爽！

文—錢亞東
攝影—賀新麗

閱讀眞是一項開發自身欲望的行為，從閱讀中可以輕易看見自身的能力缺乏，小則缺乏智識、缺乏水準、缺乏視野，更甚者則是缺乏物件；像我開始大量閱讀之後才發現藏書不多（當然腹笥窮困的情況比藏書不多還更嚴重），從此就養成了對書物的偏執依存，隨時隨地非書不可，不然就會極度焦躁不安，有點像是高矗紐約的自由女神要是沒有抱著一本書總覺得她少了什麼東西，在求取知識的裡子之前，要先求取心安比較重要，這種焦慮絕非是吞服幾顆百憂解就能解除的輕微病狀。

其實會大量傾購各種怪怪奇奇的書物，正足以反映出我對台灣出版之欲求不滿，現行書市中充滿著過剩的企管科普書、「稚文化以上・次文化未滿」的個人圖文書，以及比解嚴進度還落後個二十年之久的制式化工具實用書，這些林林總總，都很難讓人在大中國的這片書海中悠游自在，也逼使我開始掙脫現行書籍的既有框架，去找尋更符合心目中對書的自我評價。

見怪不怪

多年下來，我對書的視野隨之擴大了許多，也對書物有了全新的定義：

書＝紙製品＋印刷物＋多媒材

符合這些適用範圍的書，通常也容易被歸類成比較不正經的「怪書」，甚至不是那些飽讀四書五經的人士所願意過目，也因此很容易在怪書上看出一個分水嶺：能超越怪書魔障的人通常可能是視覺系或創意工作者；反之可能是衛道人士或是根本就不看書之流者。（不知這樣的二分法會不會太過武斷？）

因此，我將之稱為「能見怪度」，意即到底一個人能有多少包容怪異的程度，端看個人的修行，非關道德、也非關性別。古代中國人看見《聊齋誌異》、《遊仙窟》之類的邪書一定會嗤之以鼻，但這也僅僅單就內容而言，如果他們看到今日的奇書在外觀上就已經極盡怪力亂神之能事的話，可能再也不會想要當個文人士大夫了。

我就是一個衝動購買者，會在亞馬遜網路上搜羅各種限量套書，例如有附送贈品的精裝畫冊或是打上限量編號的手工書，只要一看到這樣的奇特書物，當下手指一動立刻下單，我說這是以前「台灣買單、大陸提貨」的現代翻版，叫做「網路下單、家裡提貨」。因為這樣而買下的奇書數量的確可觀（金額更可觀），但也讓我領教到網路購物的奇幻魅力，原來安坐在家也是有可能傾家蕩產的。

另外就是上一些大型書店或專業書店。其實人都是盲目的，當你看到別人提著一袋袋精美的購物袋，而袋中盡是琳瑯滿目的書籍，很容易也就跟進大買特買，這就是每次在這種書店通路的下場，說不定這樣正中了店家的下懷，搞不好是故意安排一些暗椿提袋結賬，藉以刺激現場消費者的提袋率；至少網路購物是

無法看到現在線上有多少人在成交，也因此無法刺激線上成交率的。

但我相信會購買一整套普魯斯特的《追憶似水年華》者，初期的虛榮欲望一定大於求知欲望，炫耀心態一定大於治學心態；但那又怎樣，反正買都買了，要看不看隨個人便，而且有時候要處理這麼一大套書還不是一件輕鬆的事哩！

以下將就幾種類別的收藏奇書逐一整理，而在這個整理過程中又發現，其實閱讀會反映在買書行為，而買書行為又是一種虛榮購物的表象，而虛榮無非是為了要滿足自身欲望，這一連串的環環相扣下來，閱讀不再只是單純為了求知的快感，還牽涉了書店通路（實體和虛擬兩者）、欲望法則（到底是哪些欲望在作祟蠢動）、甚至視野開眼光開的問題了。

放浪而出的個人圖文書

如果一定要挑剔對台灣出版書市不滿之處的話，首當其衝就會選擇圖文書的創作貧乏。圖文書是二十世紀的新產物，它不是《山海經》在古文中配上插圖、或是《鳥獸戲圖》以連環圖來看圖說故事，它不是繪本或是漫畫，它只是圖文並茂的創作，而且是極度個人風格、抒發個人情感的產物。在這種類型之下所誕生的作者明星其實不少，而且立刻就擄獲市場的目

這一套古文明教具很適合做為大人的玩具，它忠實地模擬出埃及、羅馬等古國的生活，尤其在線上遊戲充斥的今天，道具實物更顯珍貴。

光，成為大眾寵兒。

對於這些個人圖文書的創作，通常會予以「次文化」的貼標，認為它雖然不足以構成藝文創作，卻是年輕潮流的創作；不過就我來看，台灣的圖文書是「稚文化以上‧次文化未滿」，幼稚裝可愛綽綽有餘，真要談到在次文化上有何創見，還真是很難看得出來，所以我只視它們為個人情緒操作的延伸。

拘謹的工具書魅力

辭典、圖鑑、手冊，這些實用工具書在派上正式用途之前，很容易就讓人想誤入歧途，直接去向周公報到，因為它們的外觀內在都實在長得太恐龍了，不由得讓人望而生畏。但這些都只是不良的編輯手法所造就出來的刻板印象，如果以更創意的編輯手法和跳脫的視覺創意來作表現，相信很多實用工具書立刻可以脫

胎換骨，擺脫史前恐龍的形象（而且它們通常都是又大又重），成爲令人愛不釋手的枕邊書（現在它們的命運比較適合來做墊腳磚）。

這次介紹的設計書，以旅行公事包的塑膠包裝盒，內嵌一本實用圖書，並掛上航空標籤，整體包裝就是一個旅行公事包，完全跳離工具書的樣式。日本的《ADC廣告年鑑》是日本廣告界的年度最高指導原則，收錄電視CF、平面廣告、戶外看板、宣傳製作物等得獎作品，並以年度主題編輯成書，比如說「太空」主題的那一年，就以太空發泡棉當做封面材質，內頁設計皆以太空人的登陸爲發想，讓收藏者每次都有耳目一新的快感。

精工打造的手工書

手工書一直是大量市場中的背道而馳者，因爲它的製作成本超高、生產數量又有限，通常都是在出版社有計畫的操作下才會產生，而立體書（Pop-up book）就是其中的代表者。立體書從早期的上下對摺張開，到現在的三度空間立體剪裁，視覺越來越繁複，而且製作過程也一直在開發紙材的特性，台灣只有一家「紙紙孫孫」出版社曾經替內政部出過「台灣四合院」立體書，但後來就銷聲匿跡了。

《the Hobits》立體書是以《魔戒》中的哈比人爲主角，並穿插甘道夫及火龍等情節；《哈利波特》則呈現了魁地奇空中球賽、意若思鏡，《綠野仙蹤》則是以奇幻的翡翠光彩襯托出奧茲國的世界。

我在立體書的投資算是大戶，連到巴黎的跳蚤古書市場時都到處去搜刮，搞得法國老闆娘以爲我是日本客人，因爲只有日本客才會對這種歐洲的手工書有濃厚興趣。只是立體書的單價眞是奇貴無比，每一頁眞像是黃金屋的造價，誰敢說紙不是貴金屬呢？

買櫝還珠的道具書

道具書是最能體現何謂「買櫝還珠」定義的書物，書的功能只是道具的陪襯，反而變成操作說明手冊而已，重點在於那些精心設計的道具或玩具，像我收藏的古文明系列，埃及、羅馬、印地安，在道具盒內有各種教學用品及一本手冊，有時寓教於樂眞地能給人更多的啓發。而現在的日本雜誌盛行隨書附贈公仔，也成爲道具書市場的佼佼者。

其實好的書貴在精不在多，可是當你要收藏奇特的趣書時，就變成要放大樣本數才能看出其中的奧妙，三五本奇書還看不出什麼花樣，等到三五成群時就會羅織出一個萬花筒般的世界。

不學無術就是奇書愛好者的寫照，也許我們獵奇，也許我們戀物，總之在知識之外，又爲自己開了另一扇天窗，讓更多的光線射入；但是很多還是不能擺上檯面或登堂入室的收藏，所以只能在私底下暗著來暗著爽了！ ■

本文作者爲雜誌工作者

《說部叢書》搜尋記

凡好收藏的人都有得隴望蜀，竭澤而漁的毛病。

文—陸昕
攝影—陳政

陸昕

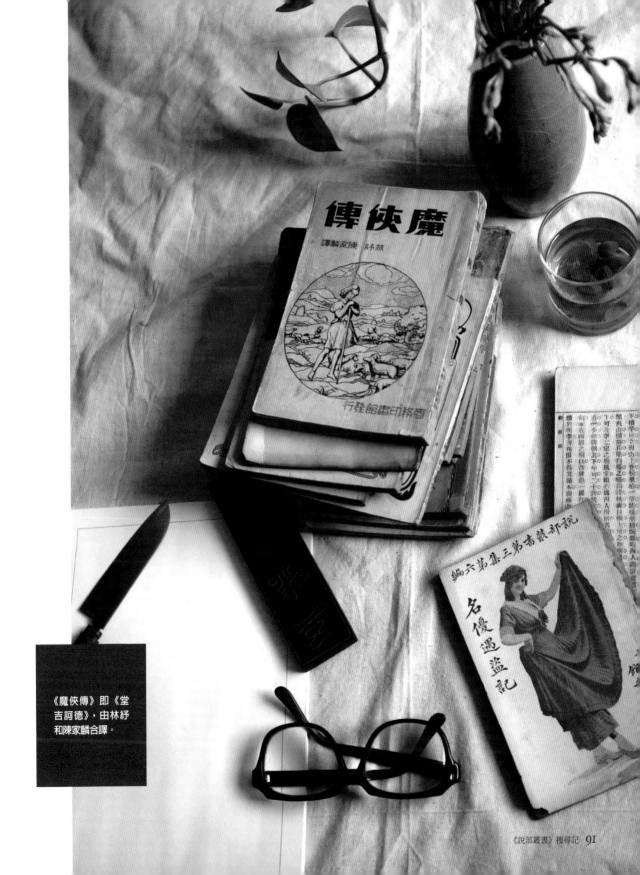

《魔俠傳》即《堂吉訶德》，由林紓和陳家麟合譯。

我的藏書如果從祖上算起，祖父、父親到我，已歷三代，不僅數量較多，而且頗有特色。祖父篤志國學，精於訓詁，所以他的收藏全為線裝古書，最盛時曾裝滿五間北房，可謂列架充楹。父親喜舊書，多至上萬，亦有南房兩間闢為書室。我則在繼承的基礎上繼續搜書。環顧室內，每一本書似乎都有它的故事，都有可說之處，真不知挑選哪一部書來作這篇文章。想了半日，忽然想到不如以我家祖、父至我幾代人都喜讀、勤讀並從中獲益的一部久已絕版的翻譯文學巨著來談，這就是上個世紀初啓西學東漸之風的文學方面的煌煌巨著——《說部叢書》。

細說《說部》

清末，百日維新雖告失敗，西學之風卻越颳越盛。因為維新的需要，最初傳播過來的書

《說部叢書》所收基本上是翻譯作品，只有幾種為國人自作。叢書所包括的國家大概有英、美、法、俄、希臘、匈牙利等等。名家名作觸目皆是，如英國有莎士比亞、狄福、狄更斯；法國有大仲馬、小仲馬、巴爾札克；美國有歐文、斯托治夫人等，用名流薈萃來形容，一點兒不過分。

籍以政治科技為多，而文學作品稍後亦接踵而至。且文學不僅有助於了解他國政治及民情，亦有助於改造國民之性，所以很受歡迎。商務印書館有鑒於此，於是大力推出以淺近文言文譯出的各國文學名著，匯編成集，名曰《說部叢書》。此書一出，果然在舊文學與新文學之間起到了橋梁的作用，在中西方文化交流及對當時學者了解並接受異域文化起到了相當重要的影響。

《說部叢書》共分四集，前三集每集一百種，第四集二十二種。初集在光緒末年便已出版，道林紙又厚又白，字大行疏，錯落有致，十分考究。封面分三欄，上端橫署「說部叢書」，低一行署「第X集第X編」，中端署書名，下端署「中國商務印書館譯印」。值得說明的是，商務約在同時期又出有《歐美名家小說》一套。此書紙張亦用極精之道林紙，既白且厚，行格疏朗，字大醒目。封面以紫藤、綠柳、青草與飄垂的藤夢花為飾，意境既幽遠又閒適，中間黑體豎排書名及作者並出版機構，十分漂亮。此《歐美名家小說》所收各種小說，即從《說部叢書》分出，實為一書而兩售。

至民國初年，清末所出《說部叢書》已成十集百種，於是商務將此以報紙重印出版，定為初集。封面亦改為用藍色和紅色交替印花紋及書名。以美觀及醒目並紙質來說，比清末遜

色不少。二集一百種，紙質及封面裝幀全同初集。三集則有明顯變化，即每種封面皆為與內容相關的彩色繪畫，或風景，或貴婦，或戰爭，或偵探，或讀書，或探險，煞是好看。三集仍一百種。四集二十二種，封面同於三集。

《說部叢書》還有其他多種形式，比如我收藏的還有《林譯小說》和《林譯小說叢書》等。所謂林譯，就是林紓，也就是林琴南所譯的小說。他在《說部叢書》裡譯得最多，約有一百五、六十種。所以商務印書館從中抽出林譯本，以林譯小說名目為號召，單獨發行。《說部叢書》因為時代的關係，基本都用淺近文言翻譯，林琴南是古文大家，出筆快，譯文好，很受學人稱讚，如阿英、鄭振鐸、錢鍾書都曾撰文肯定他在翻譯文學上的貢獻。只可惜林琴南不通外文，翻譯時由通外文者口述，他以意譯之。

《林譯小說》及《林譯小說叢書》均為報紙本，《林譯小說》封面下邊為一喜鵲卿枝，上邊則繪數隻小雀閉目，四周飾以藍框，中央空白處豎排文字。《林譯小說叢書》則以綠色花紋拼成圖案，中央空白處分上下兩欄，上署「林譯小說叢書XX編」，下署書名、卷數及出版單位。

藏書啟迪

我所以喜歡並收藏這類書，裡面有這樣一段因緣。我家中原有一些這叢書的零本，文革中雖散失了一些，但還留下來五、六十本，三十來種。那時我正值小學畢業，因無學可上而整日在家，到處找我能看懂的書亂翻，這裡邊就有《說部叢書》。父親看見後，很高興，於是要求我讀這些翻譯作品。理由共三條，一、可了解各國文學，作者又多為大家；二、可以學習文言文，特別是林琴南的譯文非常好；三、有些書雖也有白話文的翻譯，但不能看，因為譯者文學的基本功力差，和老輩人無法比。我雖然不完全同意他的看法，可也只好看。在看的時候，我有自己的辦法，這就用到商務標的那些名稱了，一看標著社會、政治、軍事、國民、實業、言情、哀情、豔情以及倫理道德，一律先扔一邊兒，先讀標著偵探、神怪、冒險這類書。我至今還記得那時看過的幾種書的名字，如《桑伯勒包探案》、《海衛偵探案》、《三千年豔屍記》、《埃及金塔剖屍記》等等。沒想到由這兒開始，我慢慢喜歡上了這套書。作為一個少年，這裡面的冒險小說，鼓勵了少年人的好奇心；偵探小說，激發了少年人的思考力；勵志小說，振奮了少年人的事業心；愛情小說，喚起了對真善美的嚮往；社會小說，啟發了對假惡醜的認識。於是，我開始僅僅從單純的閱讀興趣逐步發展到對這書產生深厚的感情，並立志要到處搜羅這套叢書。

但立志容易實踐難，關鍵是這套書不僅出版時間早，絕大部分出在清末至民國三、四年間，能保存下來的很少，同時，又有個具體因素，就是它的紙型和存書都毀於抗戰初期上海之役。據上海鄭逸梅老先生回憶，在上海「一‧二八」戰役中，商務印書館及書庫等處遭日機轟炸，盡毀於火，此書的書版和存書恰

在其中。因而鄭逸梅認為，《說部叢書》及《林譯小說》等等在舊書店已極少見，物以稀為貴，今日誰有，哪怕是一些零種，也早被人視作瑰寶。而個人保存的歷經水火兵劫，所剩亦寥寥無幾。因此我為買此書，很花費了一番心思。

首先我把買書的處所定在中國書店收購科，它位於北京虎坊橋路口，是座四房樓房，早先的京華印書局。它是收購科，也是個大庫房，書圈裡人稱之「大樓」。中國書店從五○年代初建店以來，數十年間所收的所有古書舊書碑帖字畫盡歸於此，其品種之多質量之高，為全國古舊書店之冠。某日，我託人引薦，得見負責舊書的李師傅。說明來意後，李師傅微微點頭，進庫房後不久，手裡托著上下兩本清末版《巴黎繁華記》出來，問：「你要的是這種書吧？」我一看，是，而且是我所缺的。李師傅又說：「你要買，可貴。」這一點我心裡有數，然而他接下來的話嚇了我一跳，「這書得四十。」看我猶豫，李師傅又說：「這書可比一般的舊書難找得多……」我之猶豫是我知道，我在中國書店各門市部「巡視」時，偶爾也會發現這書的某些零種，但書店中人一般對此書不在行，標價高的一兩元，少的只有五角。而那時新文學的名家名作初版本且品相極好的，少則三五元多亦不過七八元。況且四十元的價格在當時可買一部後來可稱為「善本古籍」的古書。這套《巴黎繁華

記》上冊收尾處還殘失兩頁，可謂不足之本。本想婉言拒之，忽一轉念，轉到燕昭王千金買馬骨上，腦子一動，心意亦隨之而堅，當即將此「馬骨」留下。事實證明，我做對了。

以後我再去大樓找李師傅，他總是盡心盡力幫我找書，平時庫房整書時見了也幫我留起來，而且價格也開始回落，平均一本兩元左右，兩本三五元。特別讓我感動的是，有一次李師傅幫我找《說部叢書》二集，從庫裡拎出兩大捆，讓我高興得眼前先花後亮。可是一女同志追在李師傅身後說：「庫裡可沒了，別賣了。」李師傅笑對我說：「這是庫底子，配不齊，賣給你算了。」那女同志又嘟囔了幾次，可李師傅一邊「唔唔」地應著，一邊還是將書賣給了我。《說部叢書》的三集大概也是庫底子，論價時，李師傅說：「按本，一本十塊。」可這說部書裡很多種都是兩本、四本一套，我怕這樣算出來太貴。於是接道：「還是按種吧。」李師傅瞪我一眼，說：「按種更貴。你看看這些封面，畫得多好，就這一幅畫，也值十塊。」我不說話了，照單全收，事後想，李師傅能把這些書賣給我多不容易。同時也明白了他當初以四十元賣我《巴黎繁華記》，其實是為了試探我是不是真想要這書。

可遇而不可求

除在大樓購買，古舊書店及各處市場、書攤包括私人，都留下過我的足跡付出過我的汗水。

算算所得，初集九十一種，二集八十七種，三集六十三種，四集五種，其中有一些種類還是用林譯本、歐美小說本、小本小說本及其他單行本補入的。此外，我還有一些複本。

《說部叢書》距今已近百年，好幾位在古舊書店工作五十餘年的退休師傅都不約而同地說過，此書初集較多，二集即少見，三集極罕見，四集基本見不到。所以他們得出一個共同結論，配齊三百二十二種，不必妄想，照我擁有的這個量，在國內收藏界已是不得了了。

而凡好收藏的人都有得隴望蜀，竭澤而漁的毛病。我因為看說部而對林琴南深為佩服，於是又開始收集他的其他著作，結果不光收到他所譯的光緒辛丑年玉情瑤瑟館木刻本《巴黎茶花女遺事》和同樣為光緒年間的木刻本《黑奴籲天錄》，並另外搜得他的《金陵秋》、《劍腥錄》、《畏廬文集》、《畏廬筆記》及文明書局所出《俾斯麥血戰餘腥記》等等，並還想收集他的字畫，不過這一欲望迄未如願。

《說部叢書》不僅對文學家影響深遠，而且深受其他文史學科專家學者的好評。我的祖父陸宗達是訓詁學家，與翻譯文學本無甚瓜葛，但他每晚睡前必置一二帙於枕前，隨時瀏覽。祖父的朋友吳曉鈴，也是著名的語言學家，文革中及其後，專門上家來借此書，每次

約借三五種，並打借條，我至今還留有這樣的幾紙借據。祖父的老師黃侃（字季剛），也喜讀此書並曾為某幾部書寫詩抒懷，頗類今日之讀後感。阿英先生介紹晚清文學時，在《小說戲曲卷》中選用了數十篇林琴南譯作的序，又選了讀此叢書後一些名家作的詩詞，其中便有黃侃在內。黃侃、吳曉鈴及我祖父，全是鑽研國學並成就斐然者，對此書有如此興趣，推之文學界，影響力自然可知。據我所聞，解放後，巴金先生即委託書店中人，為他留心配成一套。

寫到這裡，我不禁憶起如煙往事。記得童年時，每逢夏日黃昏，祖父總坐在院中葡萄架下的藤椅上，手拿一本《說部》，為我講其中的故事。我仍清楚記得祖父那繪聲繪色的講述和渲染是如何將我深深帶入另一個遙遠而神奇的世界，也依然記得傍晚時庭院裡那特有的平靜的氛圍，北屋下一架金銀花清香四溢，幽幽開放。南屋前一株古槐枝葉縱橫，遮天蔽日，濃蔭覆蓋之下，蟲聲唧唧。除此，還有晚風吹動西廂前一圍翠竹的颯颯聲和晚歸的鴉噪。而今，又是黃昏，庭園依舊，歲月如流，睹物思人，黯然神傷。晚風起處，白色槐花悠然飄灑，於空庭冷院中閃起一片深沈的明亮，令人迷惘……。

本文作者為中國政法大學人文學院教授傳統文化教研室主任

圖文書敗金女

或許是當時那痛苦不堪的悔恨經驗影響了後來的敗家習性，
我再也不想經歷這種可能抱憾一生的錯失；
寧可錯殺，也不可漏一。

文—MaoPoPo
攝影—賀新麗

一直不認為自己是個書痴，真要說，勉強只能承認自己有「蒐集癖」，一碰到中意的物事（當然不只書），立時變身成日文中的「衝動買者」，每每血濺當場、不能自已。有時出國還有搬不動的考量，但夜深人靜在自家的電腦螢幕前，握著滑鼠的右手就彷彿漫畫《寄生獸》般被外星生物米奇附身，按鍵的食指完全在理性的控制之外。曾有友人第一回來家中，

（上）某年去日本旅遊，在大阪意外碰上松田優作的回顧展，若非不能刷卡，差點就把紀念品通通買來回。這位《家族遊戲》、《從今而後》，以及《黑雨》中的性格硬漢，唱起歌來也是一派豪邁江湖氣，如今雖然兒子龍平繼承了演藝衣缽，但銀幕上冷硬粗性的形象至今無人能取代。
（右頁圖）Adolf Born 的《Jean de La Fontaine - Fables》、Eva Frantova 的《Charles Perrault: Fairy Tales and Fables》這兩本精美漂亮的插畫寓言集也找得到法文版。其中Adolf Born 2003年國際書展曾應邀來台，中譯作品有《長靴貓》（格林），捷克Slovart出版社曾幫他出過一本英文的同名作品集《Adlf Born》，也非常精采。

環顧四周後撇下一句：「你心裡一定有個黑洞。」我楞了一下，想想或許也是，但誰不是如此？只是選擇填入的東西不同罷了。

童年創傷

記憶中最早為之縮衣節食的一本書，其實不能算是書，那是長年偶像──英國歌手David Sylvian的歌詞集《Trophies》。高一時在台北火車站附近的藍濃唱片看到，連同他歷年個人專輯盒裝《Weather Box》一起，落葉的凄黃融入日式淡金，藝術家Russell Mills的畫作與設計散發出獨特搶眼的魅力，令人愛不釋手。但加起來幾千塊的售價對當時的窮高中生來說還是相當大的負擔，於是我足足吃了近一個月的饅頭早餐和湯麵晚餐，只為了攢錢把整套CD和歌詞集買下來。那捱餓的一個月其實並不辛苦，因為想到很快就能把CD和書帶回家，餓幾餐算什麼？而且我每個週末補習完必定去唱片行裡瞻仰，計算著還有幾日就可以擁有這兩樣寶貝。

當我終於攢夠錢，週六一放學就興高采烈地跑去唱片行要把CD和書捧回家，沒想到原本置放《Weather Box》的地方竟空空如也，《Trophies》也沒了，一問之下原來前兩天被他人捷足先登買走了。店員對著一臉不可置信的

Born插畫的《Jean de La Fontaine - Fables》以及

Eva Frantova 插畫的《Charles Perrault: Fairy Tales and Fables》時，雖然看不懂捷克文，但綴滿全書的插畫多變有趣，且兩書均採紙盒精裝，印刷用紙細緻精美；我站在店裡翻來翻去，怎麼看怎麼喜歡。但這兩本書各近六百頁厚，而我接下來還得返回布拉格及瑞士繼續一個多禮拜的旅程，扛著這兩塊大磚頭不被壓扁在路上才有鬼，於是幾度拿起又放下，心中著實折騰了好一晌。

但東念西想，一咬牙最後還是買了下來，決定包一包後拿到郵局寄回台灣，反正算算每本合台幣不過六百多元，即使加一倍運費都還划算。然而一旦打定主意要寄書，我又在書店裡好整以暇地慢慢逛了起來，最後除了那兩本大磚頭外，還多買了好幾本Jiri Trnka的精裝繪本以及難得一見的捷克漫畫月刊《POT》。這就是可怕的「豁出去」效應：不買則已，一旦心一橫決定敗家，往往會因「啊，反正都買了，也不差這些」而敗得更多。

我同情地說：「傻孩子，你怎不早點說？我們可以幫你留啊！」我無言以對，心底早已淚兒汩汩流。之後我在交叉線唱片行覓得《Weather Box》，欣喜若狂，二話不說立時買下；但那本薄薄的、襯有許多Mills拼貼攝影作品的《Trophies》卻再沒能見著。即便是後來網路發達了，Sylvian也於十年後續出了同樣開本大小的《Trophies II》，但這本早已絕版的《Trophies》依舊難尋。

寧可錯殺，不可漏一

現在想想，或許是當時那痛苦不堪的悔恨經驗影響了後來的敗家習性，我再也不想經歷這種可能抱憾一生的錯失；寧可錯殺，也不可漏一。因此每當我在店裡躊躇再三、天人交戰時，「先買再說」的機率總比「回家想想」大得太多太多。也因此，2002年捷克之旅，當我在第二大城布爾諾的Academia書店看到Adolf

還好當時有買

喜歡如繪本、漫畫、畫冊等圖像類的書有

個好處（其實該算是壞處），就是買書不大受語言的限制。「A picture is worth a thousand words」，畫風看了高興就可以帶回家。因此每回出國旅遊時進了當地書店，就直接往繪本和藝術區的角落裡鑽，一本翻過一本。這種實際翻閱、發掘的樂趣，網路書店依舊沒法取代，也因此常可覓得一些奇奇怪怪、沒聽過作者名的小書。例如後來回到布拉格，在小區巷弄內亂逛，意外在一家雜貨店架上買到Honza Volf的詩畫集，裡頭全是手寫短詩和扭曲詭異的怪物插圖。在法國亞爾也有過類似經驗，翻到插畫家Nicole Claveloux一本巴掌大、沒啥字、布滿古怪角色的趣味小繪本；多年後在法國網路書店上搜尋Claveloux的著作，雖有新品，但當年意外買下的那本《Dedans les gens》卻連個影兒也沒有，此時便不禁暗自慶幸「還好當時有買」。

這「還好當時有買」的事發生過不只一回，納莉風災那年我專程去日本聽Sylvian的演唱會，然而到了大阪演唱會現場才知道因「911事件」的關係，國際航班大亂，所有場次延後一個月。雖然當場差點沒吐血，但為了能親見偶像，我十月再度跑了一趟日本。第二回去時順道和留學東京的學姊約在新宿南口的Tokyo Hands碰面，等人的當下意外瞧見一個原子小金鋼躺在玻璃時空膠囊裡的倒數鬧鐘，那鬧鐘實在是太太太可愛啦！雖然早已行李滿載，兩度赴日也讓我口袋空空，但安詳睡著的小金鋼真是可愛得讓人揪心肝，在學姊不加阻止反而火上加油的鼓勵下，還是掏出卡把他給

帶了回來。去年是小金鋼設定中的誕生年，發現這時空膠囊是許多人的夢幻逸品，心裡便不禁洋洋得意起來，「還好當時有買」。

光是實體書店就讓人敗不完了，有了網路之後更是大開敗家之門。以往根本不知道喜歡的作者何時有新作問世，除了等待一些專賣店的店長細心通知之外，就是得常跑進口書店檢查新貨。也由於新書資訊相對來說還是匱乏，對於喜歡的外國作者只要是能買到的作品，幾乎都會買來瞧瞧。這樣敗家久了雖然很傷，但偶爾也有意外的報酬。2003年國際書展法國作家、畫家柯雷孟應邀來台，萬萬想不到能親見偶像的我，專訪時特地把他歷年來的著作一口氣全帶去，嚇了他好大一跳。身為書迷，還有什麼比這更爽的時候呢？

蒐到天荒地老

除了作家系列作品外，「版本」也是個要命的東西，若加上「限量簽名」這種玩意兒，更是坑死人不償命。但正如重新Remaster又加上Unreleased bonus track的經典專輯，就算你內心不斷臭罵、恨得牙癢癢，但沒弄到手還是會全身難受。南斯拉夫裔法國漫畫家畢拉（Enki Bilal，《諸神混亂》的作者）有回在義大利開個展，沒法親臨展場的我只能買本展覽畫冊神往神往、聊慰心靈。台北的《Banana Comics》當時進了展覽的紅皮平裝畫冊，但後來上網搜尋展覽相關資訊時，發現居然還有金屬封皮、附CD-ROM與簽名素描的限量版！這下可不得了，不弄到手怎麼吃得下飯呢？但是遍尋各家

亮極了，裡頭還有優作和兒子龍平的相片。已逝的松田優作依舊是許多日本人心目中的偶像，書店裡相關的探討書籍或是遺留的作品手稿，足足可排上好幾排，令人咋舌。像這類非傳統作家的偶像，蒐集起來更加辛苦，因為除了各類書之外，還有海報、CD、電影……等相關產品，直可蒐到天荒地老。

大體說來，敗家買書是件苦樂自

法國網路書店都沒賣，最後透過搜尋引擎終於找到一家義大利網路書店有售，雖然沒有英文介面，但反正流程大抵上差不多，有些字也還猜得出意思，三兩下就給他訂了。之後心裡還是忐忑了好一陣子，不確定訂單到底成功與否，然而幾週後真正收到書時真是高興得不得了，CD-ROM裡還有畢拉畫圖過程的影片哩！

像這樣既衝動又大手筆的敗家經驗想想其實還真不少，有時按下確認鍵後會忍不住敲腦袋痛罵自己，但一旦收到書，拆開後逐頁翻閱、細瞧的愉悅與享受實在難以言喻，沉浸書頁間的快樂在在讓人無法自拔。例如小泉八雲的復刻版祕稿畫本《妖魔詩話》，川本喜八郎的「三國志人偶」，日本性格演員松田優作的豪華紀念特輯《DANCE》……等。後者是透過紀伊國屋書店網站買到的，紅色的大盒子漂

知、與他人無傷的雅事，但身旁的朋友若也愛書，偶爾也會被拖累跟著一併敗家。不過最慘的其實是被迫幫忙從美國扛書回來的諸多友人們，他們心頭大約恨透了這些大本精裝的繪本畫冊。但其實蒐書的過程充滿各種驚奇與樂趣，那本David Sylvian的《Trophies》，十多年後我終又親眼得見。一日和一位熟稔文學、電影、音樂的詩人朋友聊起，他一聽到我當年慘劇，竟立即接口：「那書我有啊！」隔天便帶了本貨真價實的《Trophies》來。這本《Trophies》並非當年藍濃唱片行那本，是其友人在國外的HMV唱片行買的，跟朋友借久了也就安住他家。而現在這本《Trophies》則轉手暫住在我家，安穩靠在《Weather Box》和《Trophies II》中間。偶爾抽出來翻翻，配著音樂，嘴角便忍不住要揚起微笑，這種感覺實在是太幸福啦！

本文作者為文字工作者 ■

我的漫畫收藏

在樓梯口的架子上發現了藏在後排露出半截的黑色漫畫

文、圖－小莊

生長在父親是美術老師的家庭，從小耳濡目染對圖像有了濃厚的興趣，為了怕我們在牆上亂塗鴉，父親總是買一百元的計算紙讓我們在上頭隨意的創作。

二十多年前的社會氣氛漫畫還是眾家長眼下的抽屜漸漸滿了出來，父母也就見怪不怪了。

那時候世界就那麼大，總想將來當個漫畫家，回顧小時候滿滿塗鴉的筆記本，總是充斥著濃眉大眼，肌肉發達，後小腿彎曲，九頭身

我緊閉著欣喜若狂的嘴顫抖的將書握在手中……從第一次在出版社看了這本書已經是六年之後。

中不入流的東西，同學們只能在課堂私下傳閱，為精采幽默的劇情竊笑，一旦被老師人贓俱獲則只有沒收銷毀一途。

放學途中經過文具店，望著一本本別在塑膠繩上套著封套的《漫畫大王雜誌》發呆，零用錢有限，存了老久才夠買一本，實在緩不濟急，後來索性跟哥哥騎了半小時的腳踏車到出租店去租閱二手漫畫，看到喜歡的再以少許的價錢買下來偷偷藏在床底下，日子久了，床底

高的漫畫英雄，可見日本漫畫對於台灣的漫畫發展有著不可動搖的影響力。

後來念了復興美工，學校裡競爭激烈，課餘閒暇總得積極的觀摩各派畫風，記得是個悶熱的週末，在重慶南路專賣美術圖書的店裡閒逛，突然發現一疊堆在角落，精美厚重的歐洲漫畫，那是我與歐系漫畫的第一次接觸，雖然無法了解文字的意義，但是那些絢爛奪目的大膽用色，人物造型的怪異品味，讓看慣日系漫

畫的我大受刺激，站在那裡我開始意識到地球
的另一端原來還有人以不同的方式在創作漫
畫，於是視野寬了，漫畫在我眼中不再是日本
人的專利。

　　出社會後多了些出國走走的機會，每到一
處，總會四處看看當地的漫畫風格，難忘的是
第一次的法國「朝聖」之旅，除了有緣實地接
觸課本裡的藝術殿堂之外，更在巴黎的大學區
聖米榭爾大道附近找到了歐洲漫畫專門店，真
是令人欣喜若狂，一次收集了Moebius、Enki

Bilal、Milo Manara等大師名作，當下不畏辛苦
扛了十多公斤的書回來。

　　1995年開始步入了漫畫家的生涯，有時候
泡在出版社，也能接觸到來自世界各地風格迥
異的漫畫，有本Thomas Ott的《*Dead End*》讓
我印象非常深刻。他是以黑色的底紙畫上白色
線條的方式描繪光影，跟一般畫圖是以白紙畫
上黑線條恰好相反，除了描繪方式特異之外，
全篇沒有旁白，藉由分鏡來描述人性貪婪的黑
色短篇故事張力十足，充滿三〇年代黑色電影

的風格，又與黑底的畫風意念不謀而合，可見一本好的作品從形式到內涵的思考是十分的嚴謹與細膩，因為台灣沒有代理進口，而出國尋找有如大海撈針，只能借了出版社的影印機，將書一頁一頁的印下珍藏，然後擺在腦海裡，待每次出國時碰碰運氣。

2001年旅程的最後一站，我又來到了巴黎，找了幾家之前常去的漫畫書店，都撲了空，一來是書已經出版多年，二來法國是歐洲漫畫的集散地，除了相當出名如Moebius、Milo Manara等大師之外，其他來自各國的作者眾多根本無從找起，眼看著就是跟那本黑色的書又沒了緣份，實在心有不甘。離開的最後一天跟當地的留學生朋友吃飯，才打聽到住處附近，相反的街角地下室有間大的漫畫書店，趁著離打烊前的四十分鐘（歐洲店家大都六點左右休息）火速前往翻找。書店很大約有百坪，漫畫一排排的整齊陳列在架子上，氣氛很像光華商場，都是附近的大學生光顧，因為語言的隔閡，實在也很難理解如何分類，只得硬著頭皮一本本翻了。臨走前在樓梯口的架子上發現了藏在後排露出半截的黑色漫畫，我緊閉著欣喜若狂的嘴、顫抖的將書握在手中，輕飄飄的跟店員結了賬，在路上邊跑邊叫了起來，從第一次在出版社看了這本書已經是六年之後。

有了自己的房子之後，漫畫不再藏在床底下，歐系的精裝大開本與日系的平裝小開本可以順著自己的心情分門別類，從這些年收藏下來的經驗，發覺能夠禁得起時間考驗的漫畫除了內容的豐富嚴謹，作者大都有寬廣的視野與良善的心。愛漫畫的人比起常人擁有想像力更豐沛的世界，想起地球彼端那些孜孜不倦，不斷創作的作者們，自然而然就揚起了一份認同感，網路發達後，也常上網尋找曾經在小時候流失的漫畫以填補回憶，或是到夜市走走看看舊書攤的二手漫畫挖寶，如果不幸已經絕版的作品也就無緣再見。前陣子好不容易從香港網站訂到了一套台灣缺貨多時的千葉徹彌作品《小拳王》（港譯：《鐵拳浪子》），和一些台灣沒有出版過的松本大洋漫畫，心中又燃起一絲懷舊熱潮，收藏路途遙遠，同志仍須努力。 ■

本文作者為自由廣告影片導演

書，美麗的書
妳這小小的森林
葉葉相鄰
妳的紙頁
飄著原始的味道

~ Pablo Nerunda

我們相信，書，不只是內容文字，書是藝術，書可以久藏。
Books, we firmly believe, are not merely just receptacles for the printed word, but are in fact also works of art – even treasures

家西書社

台北市民生東路五段153號14樓之11（名人大廈）　　Books & Prints/ Literary & Art Agency/ 古舊書&版畫/ 版權&藝品代理
E-mail: jiaxibks@seed.net.tw　　www.jiaxibooks.com.tw

Part 4
迷戀之所在
The Happy Hunting Ground

台北舊書店的3階段轉進

從牯嶺街、
光華商場到台大公館，
看台北舊書業的
時代變遷。

文—李志銘
圖—萬歲少女

1973年 光華商場集市
（約80書攤→改行,轉租→
→頂讓——約30書攤）

北投 • 胡思二手書
莱莉書店分支、專攻外文書 2002→
士林 • 士林夜市舊書攤

農家子弟、商而士者 1986→ 百城堂
重慶南路
琉璃場
二間堂 • 台灣最後的日文古書店 1980
新生南路

遷移
遷移
遷移

牯嶺街道路工程計劃
58家舊書攤集體遷移

大
信義路
台大
和平東路

1950年 衡陽路集市
（約10餘攤）
衡陽路
台肥公司拆除改建
部分遷移

新莊
光華商場劉氏家族→ 活水書局
專攻漫畫、
言情小說 1990→ 南雅書局
廉價書局 ←板橋老店 1991
板橋
板橋第一家
舊書店 1981→ 新興書店
• 僑佳書城 ←半路出家 2002

和平西路

1950.1960年 牯嶺街集市
（約80書攤20店）

牯嶺街第一家舊書店 1945

竹林山房（芸林）
三和書店 松林書局
文海書局 永信書店
慶雲書局 文史書局（方揚書屋）
牯 古亭書屋
蕓蘭書屋 嶺 珍芸書苑
恆業書店 街
楊林書局
兄弟書屋
人文書舍 ←最後的歷史長巷 1965

策略結盟

瑩橋書店
宏榮書店 書攤
黑名書店
閩粵書局 書香城
退休公務員→ 新舊書屋
妙章書局 ←台灣古書店始祖

牯嶺街舊書攤源起於1945年日本戰敗之際，待遣日僑在街頭露天擺售家當。所謂「改朝換代」，好不喧鬧。一些戰前的豪華精裝文學全集、西洋名著日譯本以及其他各類漢文叢書，只要稍稍還價，便可以用一半或三分之一的代價買到。

在日僑回國以後，牯嶺街路邊曾空曠些時。大約到了1949年間，開始有人來牯嶺街擺地攤，除了賣些日僑所丟棄、殘缺的日文書刊、藝品之外，還夾雜著販賣各類舊衣、

日常用品的小攤販，後來這些賣舊衣、舊貨的小攤販慢慢往萬華方向集中，舊書攤則在原地一天天增加。1954年左右，牯嶺街開始成為台北有名的舊書街。最初有六、七個人在住宅圍牆外的人行道擺地攤，拿了幾張報紙、騎著腳踏車載一兩箱書就鋪在地上直接賣，後來擺地攤者逐漸佔地為王、越佔越多，發展到五十八家舊書攤的規模。當時街上舊書攤除了少數幾家是有行號舖面稱店的，餘皆利用路邊人行道擺露天攤，克難湊合的書架依牆而立，雜誌書報隨地鋪陳，卷軸字畫就掛在樹枝頭，攤位鱗次櫛比，書市連綿佔去牯嶺街大半。

不久，許多新建樓房樓下的店面也加入了行列。到了1968年，政府公布「台北市攤販管理規則」，不再放任舊書攤販在市區內隨意擇地擺攤，牯嶺街也開始分配固定的書攤位置，在還沒劃分以前，此地舊書攤大概有五十家左右，在劃定位置以後則增至八十家左右。因此，從1954年到1969年間可說是牯嶺街舊書業的發展時期。而1969年以後大約十年左右則為鼎盛時期。

第1階段：牯嶺街黃金時代

牯嶺街舊書業可說是在台灣各種差異歷史脈絡下的特殊產物，五、六〇年代舊書攤的興盛時期，乃恰逢當時國際風起雲湧之際。從美蘇兩極全球對抗、台海對峙，以至中共施行文革。歐美發達國家基於政治、學術、文化等多重需求，乃極欲透過研究手段以求更深入理解

大公山
・饒河夜市舊書攤

基隆路

忠孝東路

1979年 信義路集市（3店）

七號公園興建拆遷

遷移

小高的店 ←後起之秀、改革先聲 1995
舊香居 ←夜市舊書家族
古今書廊 茉莉書店
←複合式經營先趨 2002
半路出家 2003→ 麻雀二手書坊
古原軒書店
傳統舊書文化公共領域→ 阿輝的店
華欣二手書店 ←回頭書商轉型
館舊書城 ←苗栗客家移民
抹茶橘子 ←半路出家 2003
文山區

■■■■ 1980年代後期至今的舊書店分布區

東方文化——特別是以亞洲爲中心的華人漢學研究。在世界冷戰對立局勢下加入民主陣營的台灣地區，遂成爲當時海內外人士唯一能大量購得中文圖書的「世界華學典籍供應中心」。

另外，當時台灣社會百廢待興、生活貧困，爲了改善生活條件而不惜大量拋售藏書者比比皆是。許多成千上萬堆積如山的各類雜誌書報，就這麼任由風吹日曬，等待低價出售，甚至有人在廢紙堆裡「不小心」買到唐宋名畫、名家手稿之後高價出售而一夕致富。供需雙方皆有其背景下，這就形成當年所謂的舊書業「黃金時代」。

由於台北市區內的違章攤販數量自七〇年代以來與日俱增（包括牯嶺舊書攤在內），政府在市容觀瞻、交通秩序以及公共衛生等考量下，乃決定加速興建公有零售市場，以安置方式試圖減緩攤販問題。到了1973年10月，牯嶺街完成全線路面改善工程，市府原本預定將舊書攤遷移到重慶南路的自強商場或是南機場市場，但基於書攤代表者的反對意願，後來才決定將五十八家舊書攤集體遷往新落成的光華商場。

第2階段：光華歲月

光華商場落成初期名氣未開、業種不多，被安置的舊書攤商經營意願普遍低落，人潮、生意清淡的現象持續了七、八年。八〇年代初期經由定期拍賣會的推波助瀾以及中華商場部分骨董店家陸續進駐之後，光華商場開始吸引大量人潮，骨董集市的知名度也逐漸打開。

以光華商場上層骨董拍賣會爲源頭，吸引大批外來買家與商家所帶動的買賣風氣相對影響到同爲古物交易的下層舊書攤。由於當時光華商場在知名度漸開之後，舊書業景氣正逢鼎盛，營收也還算豐富。於是，原先和舊書攤擠在一起的許多飲食攤在因勢利導之下也跟著改行賣舊書。後來便有部分舊書攤商由於年紀老邁，因而將攤位頂讓給外面其他有意接手者。

八〇年代初可說是光華商場舊書攤的鼎盛時期，流風所及，不但吸引眾多沒有雄厚成本的年輕攤販投入舊書行業，將之作爲「白手起家」的夢想發源地。甚至有不少教授、讀書人曾發願在退休之餘，亦希望晚年能夠在光華商場攤位賣舊書以慰平生。

當時光華商場除了地下層清一色全是舊書攤（約八十家）外，二樓上面甚至還有四、五家舊書店。可惜的是，如此的舊書買賣盛況並沒有維持多久，有限的舊書資源很快便在短暫四、五年內急遽流失。原本八〇年代已接近飽和的舊書業，在外來者大量入行、競相爭食之後未見幾年便迅速衰落。此後從八〇年代中期一直到九〇年代晚期，舊書攤在光華商場的發展版圖只能以「一路失守」來形容。

至1986年後，光華商場電子資訊業大量增加，並且由於橋旁台北工專帶來大量的學生消費者，舊書攤業者隨著不同市場的需求而快速轉型，部分店家逐漸轉向專、兼營新書或改營武俠小說及漫畫書專門店，甚至銷售錄音帶、錄影帶、海報等青少年需求品以招徠顧客。在主流顧客群的消費習性轉爲流行化以及光華攤

商偏往大眾市場取向的相互影響下，八〇年代初期仍不失為愛書人「挖寶」首選的光華商場舊書攤，已逐漸淪為新一代年輕消費者前往購買電腦零件之餘「順便逛逛」的附屬場所。

1993年市府拆除中華商場後，部分電子業攤商遷入光華商場合流，更加速資訊、舊書產業之間的起落消長。至今光華商場二樓的骨董業已完全成為電腦組件大本營，而地下長廊原本的舊書攤則逐漸成為夾雜了新書店、漫畫店、電子商行、資訊軟體店、體育用品店、唱片行、光碟影音專賣店的綜合百貨商場。

九〇年代後，有志於舊書買賣一行的部分

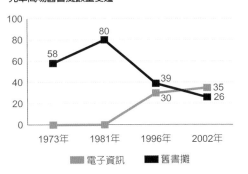

光華商場舊書攤數量變遷

光華攤商在種種因素考量下乃毅然決定出走，以便對外尋求更開闊的發展舞台。於是，台北舊書業在八〇年代以後便逐漸由傳統市集型態轉型為現代散市型態。

第3階段：舊書店、新理念

台北舊書業在八〇年代後主要分布在幾個不同區域性質的集散地。包括：1. 鄰近都市商業中心區的大專院校、圖書館等文化單位周邊；2.台北縣市的觀光夜市特區；3.位在縣市

邊緣的橋下跳蚤市場。以舊書業層次來看，位在中心商業區者可稱為「熟攤」，意謂著為大多數人所熟知。由於這些地段租金較高，都市中產階級的主流消費取向較為顯著。因此這些攤位通常書籍品相佳，且書種較具特定性，唯要價不會太過低廉。相對而言，位在觀光夜市特區以及跳蚤市場者為所謂的「冷攤」。而「冷攤」所販售的書籍門類駁雜，要價雖然普遍便宜（少部分會漫天要價），卻往往散落不全，但耐心費時蒐求者往往會有意外收穫。所謂「上大書店不如進小書店」、「進小書店不如逛小書攤」，就是比喻這種偶然的蒐書機遇。

九〇年代以後，台大公館地區漸成為實踐創新理念的舊書店集散地，並且出現了兩波重要的改革行動。首先是針對「舊書價值」的改革，1995年「小高的店」開業於台電對面的羅斯福路地下室，在價格上講究「好書不廉售」、「識貨者賣與識貨者」，雖然獲得部分老顧客的支持與讚賞，卻也讓原本不少習於撿便宜的老書蟲內心痛恨之。

再來則是「經營策略」的改革。在2002年以「舊書店中的誠品」為號召的茉莉二手書店，將誠品「在書與非書之間」的宣傳概念轉化為「書店＋咖啡廳＝非書店」的具體策略，成為台北舊書業複合式經營先趨。從此以後，師大路「抹茶橘子」、永康街「地下階」等店家陸續以「書籍＋茶點」為號召，而使得舊書業趨於流行化、大眾化。 ■

本文作者為舊書業研究者

書街，我的無政府主義書店形式

如果可能，
人世間能不能不要有連鎖書店這種東西？
我是個徹徹底底的書籍無政府主義者，
這話說來忐忑，因此是最真誠的。

文—唐諾

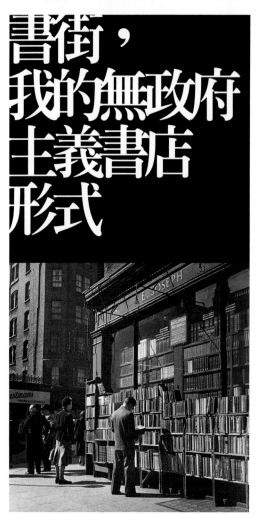

圖為五〇年代英國查令十字路「書街」一隅。

Corbis

我想，我跟書店的關係後來變得挺麻煩的，同時擁有著如電池正負兩極的身分——壓迫者與被壓迫者（聽起來好像杜斯妥也夫斯基的小說書名）。

這種時候，你就能再次驗證卡爾維諾這個號稱有人類大腦最複雜紋路之人（解剖他的醫生說的）真是睿智無匹了。在他《如果在冬夜，一個旅人》書中，他不無自省意味的勸我們留在純粹讀者的愉悅世界之中，別跨過界線成為和書籍製造有關係的人，卡爾維諾甚至神經質的要我們別踏入出版社一步，一絲絲可能的風險都不要去冒。

對書店，我是個買書的讀者，這當然是花錢大爺的舒適身分；可我也是個出版社的從業人員甚至書寫過幾本書的人，於是當場卑微下來，不太敢做出任何可能冒犯書店的事。幾年前，誠品書店找我演講，我二話不說領命到場，完全不顧自己不信任口語、不應允公開演講的自誓。那天，在敦南店地下二樓的下午沉鬱空氣中，大學時代最喜歡的魏晉南北朝史忽然湧上心頭，我遂以一個石勒石虎的往事當演講開場白——話說某名隱士，終石勒一生不得一見，石虎登基之後卻一召即來，石虎也得意也詫異的問何以如此，隱士的回答是，你父親敬重讀書人，我不理他不會得罪他，你就不一樣了，你是會殺人的，我不來當場就人頭落地了，你說我怎麼敢不來呢？

我們必須先假設，誠品和金石堂的老闆大人皆是石勒而不是石虎，但願如此，這樣我們有關書店的話題方得以進行下去——其實，我真正想說的是，如果可能，人世間能不能不要有連鎖書

店這種東西？我是個徹徹底底的書籍無政府主義者，這話說來忐忑，因此是最眞誠的。

有溫度的書籍販售之地

最接近書籍無政府主義者的書籍販售圖像，不是一家奄有一切、統治一切，臥褟之旁不容他家書店酣睡的超級大書店，怪物般矗立於一片沙漠之上（或者說它把四周吞噬、夷平、榨乾成爲沙漠），而是一整道書街的繽紛形式，像我們古老記憶裡未廢墟化時候的重慶南路，像日本東京的神田神保町，像，是的，天下第一書街的倫敦查令十字路。

書街裡沒有王，人人任意而行。

我曉得許多人喜歡（我該用緬懷這個不祥的字眼）書街勝過Mall型大書店，有太濃厚的浪漫成分，我也承認，太情調太醉翁之意如明清某些好做讀書狀的文人（如寫〈四時讀書樂〉的翁森、如寫《幽夢影》的張潮）的確讓人輕微噁心，然而，人和書的關係、人和書店的關係，終究是很複雜的，買書也從來不止於是一種銀貨兩訖的純經濟活動或購買行爲而已，即使像我這樣無趣的、性急的、不隨便感傷留連的人。

愛默森講，書店（他原來講的是圖書館）是個魔法洞窟，裡面住滿了死人，是因爲我們進去，才將他們從酣睡之中喚醒。我很喜歡這話裡面的時間感，豐碩、流動、多層面的疊合碰撞，但最終一切還是得堅定的回到我們活著的此時此刻來——購書乃至於再接著的閱讀一定是當下的，死者的復活也只能發生在當下。

再沒有任一種尋訪書、取得書、閱讀書的形式，比書街更準確契合著這樣的時間感受了。比

方說你人在查令十字書街，走進一家魔法洞窟，出來，再進去另一家……你不停穿梭在不同的時間裡，可你也再再返回到天光雲影的當下活人世界來，你不僅不會在時間中迷路，而且你讓自身像顆鵝卵石般在時間之流中碰撞、切割並打磨，在你尚未眞正打開書之前，彷彿你的閱讀已提前展開來，然後，不是因爲情調關係或要拍照證明自己征服過此地插上旗子，你是眞的有點腳痠得坐下來，這時一家咖啡館變得非常非常必要，不是魔法洞窟裡見不得陽光的附設咖啡館，而是眞正的、獨立的咖啡館，空氣流動、天好時曬得到太陽、秋冬時節冷得你精神抖擻的咖啡館，咖啡因對你此刻紊亂且有點發脹的腦袋有安定的治療效果，你也可趁此確認一下自己買到和還沒買到的書，稍稍翻閱並整理合併，像替一個個不同的時間理出一個暫時的秩序方便於攜帶行走一般，因爲這家咖啡館頂多只坐落在書街的中點，前面還有整整半條街要走——

時間有數不清的、甚至無從分割起的層次，但唯獨只有當下、此時此刻是有溫度的。書街是這樣有溫度的書籍展示販售之處。

書瘋子的暫時棲身之所

無政府主義的核心是自由，一種24K純度的自由堅持，因此打死不相信有一個單一的、統一一切的睿智，可由此建構出一個囊括一切的井然秩序。有機體的生命形式不會是對稱的，無政府主義者服膺生物學家的如此直觀發見。

有關書店對於書籍的理解這事，通常有個迷思，那就是大型的連鎖書店，由於規模和資源的緣故，容納得了專業，因此會比眾多紛立的書街

小書店更理解書之為物，這當然是錯的。

連鎖書店確實有其專業的要求和養成，但針對的不是書的內容，而是賣書行為，這兩樣不同的專業不可混為一談。細緻點來說，對賣書行為理解的尋求，儘管一開始必須仰賴對書內容的理解，但並不需要太多，很快到達一定程度之後，對書內容的更理解便成為多餘而且「不划算」了，兩者開始背反，愈是專業的掌握賣書技藝，愈會妨礙對書的內容的真正理解，反之亦然。

之所以產生如此的弔詭現象，是因為有個冷酷的原理作用其中，那就是經濟學家稱之為「邊際效益遞減法則」這個討厭的東西——把賣書當純粹的經濟活動，講求的是效益的極大化，是成本和產生兩道曲線交會的最適量那一個點，這是經濟學教科書已經寫好幾百年的最起碼道理。翻譯成我們書籍世界的人話是，書店對書內容的理解，係屬於成本這一側的，它不允許人窮盡一切所能如一名上癮讀者那樣埋頭追下去，邊際效益遞減法則很快會制止他，你愈想從前多了解一分，所耗用的成本便以更快的速度增加，你要追求對書內容百分之百的理解，成本也就趨近於無限大。

對工具理性所統治的純經濟活動而言，如此無視邊際法則存在的行徑是瘋子才會做的事，連鎖書店是書店的高度資本主義形式，它不雇用瘋子，喜歡賣書維生的瘋子必須自己開店當老闆。

而只有書街這個無政府的國度，才有瘋子老闆們的暫時棲身之地，相濡以沫。

可能性的儲藏及其滅絕

我個人曾在一篇談日本京都的各式工匠技藝文章中談究極技藝在今天市場經濟世界的脆弱性，它不僅必然受制於邊際法則，更要命是它很難被一般大眾辨識出來，一如一碗究極的蕎麥麵和一碗中上程度的連鎖店蕎麥麵，像我這樣粗糙的人吃不出它們多大差別一樣。究極技藝訴求的永遠只是少數知心人，因此這樣的店家總是小的，訴諸一般大眾公約數鑑別能力的連鎖店則是負責消滅它們的洪水猛獸——每當你抬頭看見又一家連鎖店大馬金刀冒出來，就得在心中默唸有多少家美好小店收起來了。

因此你會想抵抗，螳臂當車的抵抗它一下。

這無關病酒悲秋，也無關於扣帽子式的所謂貴族菁英心態，其中有我個人認為的嚴肅正經不得已理由。我喜歡引用波赫士一句看似沒膽子的超級樂觀之言：「好像未來什麼事都可能發生。」這話係在他談書籍時如花朵般冒出來，也只有在此書籍世界的土壤裡才取得堅實的意義——我不用「希望」這個晃盪盪的詞，我喜歡說的是「可能性」，一種幾乎已完成、只剩實現的伸手可及希望。書籍正是我們人世間可能性的最大收存倉庫、最重要的集散地，書籍以它的輕靈（三四百克重）、廉價（兩三百塊錢價格）、可親的裝載形式，把人類數千年來思維可及的一切可能性，守財奴般幾近不遺漏的撿拾保存下來，是完整可能性的擁有，方讓波赫士樂觀，讓我們面向茫茫未來可精神抖擻得起來。

但就像最近生物學家的可怕警言，說致命病蟲害的侵襲，極可能讓可可樹在2009年絕種、讓美好的巧克力從此絕跡一般，災難時時可能產生，可能性的致命病毒之一便是單一分類、單一秩序、單一性的規格化和效益要求，這個病毒早

已存在並不斷伸展擴大，也有足夠的耐心伺伏一旁。連鎖書店正是仿製它成功統治的樣態，以單一觀點和秩序來整頓書、嚴屬篩選淘汰書的強大新武器，用它來佔領並且替代那些不同老闆、以各個不同價值信念和獨特方式向各種可能性試探的老街街琳琳琅琅小書店。

很久了，沒什麼好消息傳來，重慶南路早已淪陷了，神田神保町我兩個月前才去，又奄奄一息了點，至於久違的查令十字路好像也在緩緩敗退之中。

率先陷落的書街

壞消息倒一刻沒停過好像，最近這一年來我個人所聽到最壞的消息是所謂的「文化產業」，請留意，這裡文化只是類別，是大商品目錄裡不起眼的一欄，產業才是主體，是一切規則的制定者和最終裁決者；而最難聽的話，則是順此邏輯而下的傲慢挑釁之言：「文化人準備好了沒有？」準備好什麼？準備好自我切割，去掉所有產生不了直接經濟利益的東西，好適合市場大神的秩序和要求以蒙其悅納。

說這話的人原是我們這邊的一員，他是我的老友詹宏志，一個曾經比誰都喜歡查令十字路、而且至今猶把「閱讀花園主義」此一無政府主張長掛嘴邊的好讀者。

但嚇誰啊？人死不會更死，昔日的牯嶺街舊書攤已成今天光華商場色情光碟供應中心，重慶南路像等待拆除重建的廢墟，奈何以死畏之？

地理教科書上寫，我們看似平靜不變的湖泊，其實只是一個暫時性的地理現象；書街也是這樣，如果有所謂書籍流通販售的教科書，我們

也一定會陳列一模一樣的話。

在人類的思維歷史上，無政府主義一直被描述為某種天真、不切實際甚至於秀斗的主張，但天真爛漫了幾百年，也慘敗了幾百年，不會不累積出足夠的歷史世故來——今天，無政府主義已從現實世界的角力場退下來，不再是一種意圖付諸實現的正面主張，它只是某種夢想、某種境界、某種絕美的自由圖像，懸掛在高高的地方，用來反襯、照見乃至於鞭撻那些必然七折八扣的現實有力主張，不讓任一種因暫時的得勝而酣睡，以保衛人類思維和反省的持續。

今天，我個人相信，無政府主義真正的生存土壤是文化性的場域，只因為文化最終源生於自由，不管它是因為悠遊自由之中而百花齊放，或是因為自由遭受抑制而壯麗的突圍；我甚至願意武斷的講，以文化為志業的人，不管自覺或不自覺，一定保有一個無政府的靈魂，這是他最後不可讓渡的一樣東西。

幾百年來，在政治上壓制無政府主義的那些主張，愈來愈有和無政府主義和解的趨勢，它們傾向於把自己的暴力自限於現實權力的場域，不隨便侵入文化的世界之中；今天真正的威脅反而來自於它昔日的短暫曖昧盟友、一樣號稱抵抗政治機制、要求百分之百自由的市場經濟。

在文化活動的場域之中，我們的書街係處於最接近市場經濟的不利位置，是文化和經濟的天壤之地，因此，第一個宣告陷落大概也是不可免的了。

我不願意垂淚感慨，也沒那閒工夫，我當它是更大歷史暴風又將吹襲的警訊。　■

本文作者為作家

網路買書的巧合與宿命

如何能在虛擬的網路上撥開重重迷霧，
找到想要的「獵物」？

文—唐先凱　攝影—SIN

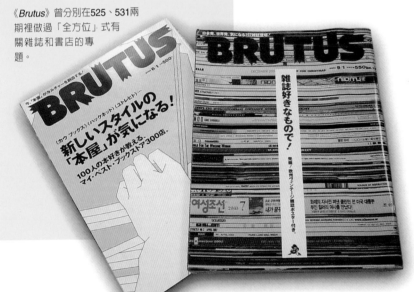

《Brutus》曾分別在525、531兩期裡做過「全方位」式有關雜誌和書店的專題。

序漸進的資訊工具使用方法，讓讀者們各取所需。

買書的動機，在網路與書《閱讀的狩獵》第101頁〈選擇獵物的理性與感性〉文章裡，郝明義先生在總結中引用義大利作家卡爾維諾的話，就已經囊括我目前、甚至到未來所有掏錢買書的理由、藉口、目標與願景。

英語世界網路書店的兩大龍頭

現今網路的使用已經日益普及化了，有效的入口與路徑成為提升上網購書效率最重要的因素。在語文使用比例上仍舊以英語為高，而資料庫型網站與討論區的完備程度，簡體中文要比繁體中文多元而豐富，所以上網找書的第一個建議，便是能使用英文與看簡體中文字。英文的部分：我先推薦亞馬遜書店（www.amazon.com）與邦諾書店（www.bn.com）

買書是私密的個人行為，說到內心激動之處，旁人是無法量化你的情緒反應指數。如果書有靈，它應該是最能體悟到你雀躍與狂喜的知己。因此在這篇文字中，我不太重視得書的因果，反而在意得書的過程。因為我無法精確的描述買書的快感是否跟買股票、買房、買車、中樂透一樣，所以我反而更希望能分享循

的網站。這兩個是當今全球網上書店不分軒輊的競爭對手，書目極多且雜。所以我上網買書時，習慣拉這兩個網站頁面隨時比對。通常新書在亞馬遜書店折扣會低5-15%，不過遇到版權終止、轉代理、絕版精裝書，乃至折扣書時，擁有實體通路與庫存集貨中心的邦諾書店便有極大的優勢。例如：我曾經用3.98美元（相當於82折）買過1998諾貝爾文學獎得主薩拉瑪戈的小說《All the Names》精裝本，亞馬遜書店到現在還是賣原價。但是，兩個網站的服務都很周到：亞馬遜書店的「Wish List」功能會不限筆次的暫存你曾經瀏覽但未下單的圖書明細，並適時貼心的提醒你價錢更動的訊息；邦諾書店卻只能封存25筆。但是就一個「內容提供者」而言，他們以世界重要獎項書單明細、讀書俱樂部資料彙整，而且買下當今全世界最大、最豐富的音樂資料庫網站（www.allmusic.com）作連結，對消費者的荷包真可說是「涓滴不漏」。

網上的折扣書店，我推薦的是Daedalus Books（www.daedalusbooks.com）與Powell's Books（www.powells.com）。前者小而美，樸實不花俏，書目總數不多，只有音樂與圖書兩類，選書能力與議價能力都強，很容易一下子就激起你的買書欲。你可以寫Mail去索取精美的目錄，他們會不吝郵資的馬上寄來台灣，是典型的「安靜獲利者」；後者的人文色彩濃厚、書目分類詳實而精準，議價空間也大，有當今大多數各領域重要作家的訪談，旁徵博引，有時還有簽名書可賣，是我心目中的理想

書店雛型。

至於其他更多的圖書銷售與拍賣網站的介紹，我推薦讀者買兩本書來參考：《Book Finds：How to Find, Buy, and Sell Used and Rare Books》by Ian C. Ellis，以及《Selling Old Books the New Dot Com Way：Your Guide to Starting and Running an Internet Bookselling Business》by Suzanne Pitner。如此，你便能使用網路暢遊在買書的樂趣裡。

Tips：

1. 在網路書店購書的過程中，郵資費是一筆必然的開銷。以邦諾書店為例：它的計價方式分成「總筆次」與「每本書個別計價」兩個層次的加總，金額高低與到書時間成正比，美國境內與境外的郵資金額可以相差到三倍。以美國境內（即：到書地址在美國者）而言，目前亞馬遜書店與邦諾書店的網站不約而同都以「單次購書兩件以上，金額超過25美元者，普通郵資（約三至八天到書）費用全免」來吸引消費者。不同的是，亞馬遜書店透過單一物流總倉，一律以UPS快捷寄書，客戶簽收的郵包內容與訂單會一致；邦諾書店因為有實體書店，物流倉儲分布在幾個州，所以收到訂單後，透過地方郵局由各地的倉儲寄書，通常要分兩到三趟才能完全寄到。

2. 兩個網路書店都有「訂單追蹤」的功能，會把運送時間Pass給消費者。

3. 如果剛好有親友住在美國，而且又不急著拿書，不妨以當地的地址辦一張會員卡。邦諾書店的會員卡年費是美金25元，而且同樣可以在美國各城市的邦諾書店享有購書與喝星巴客咖啡的折扣。

中國的線上書店過於花俏

尚處於「有條件性開放大陸簡體字書」的現況裡，在台灣要買簡體字書其實管道並不難。台北的問津堂、秋水堂、明目書社、誠品書店敦南店、台中的若水堂等都能買到「奉行

政策」下各自盤算後的策略性進書。撇開消費者的購書成本不談,唯一的缺點是訂書時間長、甚至遙遙無期。中國的線上書店(就是網路書店的意思)其實可以適性地解決目前圖書運銷上單一仰賴郵局,以及新華書店物流體系暢通性不足的問題,而且書目種類多、折扣低、免運費。以我的經驗,定期會瀏覽幾個知名的網路書店,例如:噹噹線上書店(www.dangdang.com)、貝塔斯曼在線(www.bol.com.cn)、旌旗網上書店(www.jingqi.com)這三個網站,如有遺漏,就會閱讀由上海三聯書店所辦的圖書雜誌《書城》、中華讀書網(www.booktide.com)、人民書城網站(http://book.peopledaily.com.cn)、光明日報書評(http://www.gmw.com.cn)。其中,中國圖書商報的閱讀版與噹噹線上書店也有策略性合作,即時刊載書評與出版報導。

在網路上瀏覽完後,把書單Email給在北京與上海工作的朋友,算好他們回台灣的時間,請他們在網上訂書,再託他們帶回來。我也為自己訂下買簡體中文字書的「策略性考量」:第一:台灣市場不碰的,可買;第二:套書古籍,可買;第三:非英語系市場譯作,可買;第四:中國作家的書,可買。例如:東方出版社所出版的大提琴家羅斯托波維奇的傳記,直接從俄文翻譯,可以補足西方世界對他隻字片斷的理解,我幾乎是以「買三本送一本」的代價購得。

現今大陸線上書店的經營的網頁設計與內容真的是五花八門,買書前真的需要透過閱讀書訊、話題與相關報導才能「撥開重重迷霧」,才能找到目標。

Tips:

1. 中國境內的金融卡與信用卡使用尚不普及,建議讀者暫時不要去挑戰它的「安全性」,先以郵局匯款為佳。

2. 線上購書還是需要碰運氣,由於進銷存貨的管理系統未臻完備,所以未必網上有資料的書就一定有庫存。

3. 使用搜尋引擎時,一定要先將輸入的字串透過Word檔的「簡繁體中文字互換」功能複製到欄位裡進行,這樣比較容易找到你的目標。

4. 各網路書店的運送書籍政策不一。以噹噹書店為例:在中國境內訂書,只要單筆次滿人民幣100元以上,便可享有平郵運費全免的服務,約一至兩週內便可到書,北京或上海則更快到書。

5. 針對港、澳、台讀者的海外訂書服務,噹噹書店的一般平郵皆以原書定價的50%作為郵資費,而且不適用於特價活動期間的促銷價。其中,台灣部分只有平郵的服務,到書時間要四到七週;港澳地區可享有國際快捷的服務,約三至十天內便可到書,郵資費為原書定價的兩倍;貝塔斯曼在線則是提供港、澳、台三地DHL快捷服務,三天內便可到書。

網路買書需要偶然與巧合的宿命相結合

網站的建置費用不菲,更遑論金流機制與流量的評估。再說,書店經營者有各式各樣的性格與脾氣,有的書根本就不在一般的書店裡賣。這個時候,你必須仰賴的,是你的雙腳與雙眼,其次是善用工具書與主題性期刊、雜誌。我一直是日文書的喜愛者,雖然不會日文,也是硬生生的開始K五十音與外來語,然後慢慢再補強文法,說卻是說不上幾句的。日文閱讀雜誌達文西《Davinci》(www.davinci.co.jp)與《Brutus》(www.brutusonline.com)是我會定期閱讀的雜

誌，其中《Brutus》雜誌2003年8月16日（No.531）與2003年5月15日（No.525）分別以雜誌與書店爲主題，介紹世界各地重要雜誌發行與特色書店的系譜圖與導覽，對愛書人而言，是一本全方位的「購書究極工具書大全」。

　　每日新聞社出版的雜誌別冊《書店的大活用術》，則是一本相當實用的東京各式各樣書店的導覽手冊。從大型連鎖店、專門店、個性店的經營特色、書店定位、地圖等，相當詳實的記錄在裡面，但依舊會有漏網之魚。喜歡買電影書的我，一開始去東京，只會跑到神保町名聞遐邇的澤口書店，結果卻屢屢敗興而歸。在一次偶然的機會，我從早稻田大學門口一路散步到高田馬場的車站途中，經過了西早稻田的「淺川書店」（靠近松竹電影院），意外地發現了這家專賣電影的舊書店。書店主人淺川勉是一位白髮蒼蒼、氣質優雅的老先生，豐富的電影閱歷與藏書簡直可以當電影圖書館館長。他遠遠地看著我挑書與抽書的邏輯，馬上就叮嚀他太太抱那些書到大桌前。果不然我一次就從書堆裡買了一整套由前東京大學校長、同時也是小津安二郎電影專家的蓮實重彥在八〇年代主編的電影雜誌《Lumiere》，內容與格局幾乎與法國知名的《電影筆記》雜誌的水平不相上下；寺山修司的電影海報與劇照、早年的日本電影旬報雜誌（有黑澤明、小津安二郎、成瀨巳喜男好幾部電影的文字腳本與分鏡表、日活電影在1973年開始開拍羅曼成人電影的劇照與筆戰、知名的波蘭導演Walerian Borowczyk帶著當年極受爭議的電影《不道德

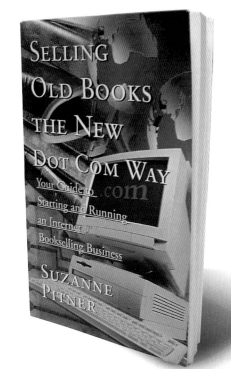

的故事》去日本展開一系列的座談紀錄……等等）。我不會說日文，他也不會說英語，透過書寫在便條紙上的漢字，我們有了溝通的默契。於是，提著空行李箱去「淺川書店」，便成了我每每去東京的既定行程。

　　買書的樂趣，對於還沒有把閱讀當作興趣或習慣的讀者而言，也許仍舊摸不著頭緒，衷心希望這篇文章，是一次良性的互動與開始。

Tips：
澤口書店：東京都千代田區神田小川町1－6－21
淺川書店：東京都西早稻田2－10－17　　■

此書適合初入「網上拍賣」門者，內容簡單易明，從哪裡可以把手上舊書賣掉，到為書籍增值的方法──護書方法也包括到。

本文作者爲文字工作者

舊籍拍賣會見聞錄

家西書社老闆的經驗談

收藏西方古舊書的台灣人不多，
親身參與書籍拍賣的更是少之又少，
家西書社的老闆劉興華是其中之一。
參加拍賣會是收藏的重要管道，
以下是他的導覽。

口述—劉興華　整理—藍嘉俊　攝影—賀新麗

家西書社老闆劉興華

西方人的書籍，除了文字，還會配上精美的插畫，是用版畫而非一般印刷製成，有其美學上的地位。為了讓書籍流傳得更久遠，他們非常重視書籍的保護，所以有很講究裝幀、令人讚嘆的精裝版本，這更增添了藝術與收藏的價值。因此在西方，有專門為古書而設的拍賣會。

拍賣會盛宴在春秋兩季

歐美拍賣會在2-5月、9-11月較熱絡，也就是春、秋兩季。這個時期，各地都有拍賣會與舊書展，甚至在畫廊、藝品展中也可以看到古書。以德國來說，具規模的拍賣會有七、八家：柏林有三家、科隆有兩家，另外在法蘭克福也有，但因為很分散，不可能全都跑。所幸裡面的展品差異不大，今年在這家看到的東西，明年會在另一處看到；古書是流動的，同樣的物品隔一陣子會在不同的拍賣場出現。

一般拍賣會都會有一週的預展，讓競標者先去參觀想買的書籍。事實上，要參加拍賣會是很費時間及精力的。首先，要用好幾天研究一本本的目錄，接著用兩天時間仔細看預展、比較價錢，最後再花一、兩天參加拍賣。

交易有時是因緣際會

目錄厚厚一本，能提供最基本的資料，而書的實際狀況還是要眼見為憑。有趣的是，你根據目錄有了目標，但到了現場，往往發現那並不是你想要的——可能裝幀不好、版本不對——卻在此時發現其他有趣的東西。到最後，買下的總是計畫之外的書籍，這種情形經常出

現。我的經驗是，要刻意找一本書不容易成功，反而在隨意逛舊書店、跳蚤市場、拍賣場時，會因緣際會買下一些不錯的書。

在拍賣場裡，中國的書並不多，且價位比較高，由於閱讀上的困難，西方人比較難掌握其真正的價值。我曾在一次場合裡看到康熙時的木刻版畫，絲綢裝訂的《耕織圖》，要價一萬馬克，很想買，但當時的財力有限。藏書藏到最後，對版本、裝幀都有一定的要求，會猶豫，總希望能碰到狀況更好的書籍，或是因為

古書拍賣會目錄
有興趣參加古書拍賣會的，可以寫信到拍賣行要求他們把目錄寄過來。劉興華先生表示，只要成為他們的客戶後，一般拍賣行都會定期把目錄寄過來。目錄開始會把上一次拍賣會的結果也列出來，每件拍賣品也會有編號、拍賣日期、時間，並詳細說明某編號的古書一共包括有多少冊、年份、出版社、開本、裝訂，有插圖與否以及其位置；某幅銅版畫是由誰刻的、書內哪個地方有磨損，磨損到什麼程度講得很清楚。一般而言，目錄並不會刊每一本古書的書影，除非該書有很特別的裝幀或封面設計。為古書定價時，拍賣行也會參考同類型古書在別的古書目錄上所定的價錢。

古書拍賣會舉行日期

欲知各地古書拍賣會的舉行日期、地點等資料，可瀏覽以下網站：

Ketterer Kunst：http://www.kettererkunst.com/calendar/calendar.shtml

ilab-lila：http://www.ilab-lila.com

The Romantic Agony：http://www.franceantiq.fr/books/romanticagony

Americana Exchange：http://www.americanaexchange.com/auctions/auctionlistings.asp

Book Source Magazine：http://www.booksourcemonthly.com/index.htm?auctioncalendar.shtml

Antiquarian Booksellers' Association of America：http://www.abaa.org/pages/bookfairs/calendarthisyear.html

OP Magazine：http://www.opmagazine.com/calendar.htm

ZVAB：http://www.zvab.com/SESS1321293168142712551611100017/gr2/en/index.html

價錢偏高，寧願再等一等，但有時也因為這樣，再也碰不到曾經動念想買的書了。

和書商交朋友

收集古書有許多管道，接觸古書商、參加古書展與拍賣會都是。常和書商們聊天，就會知道哪類書該往哪裡去找。和書商建立關係很重要，熟了之後，想買的書可以先拿回去翻翻再決定，且可以較低的折扣購得。很多時候，彼此更像是朋友，相互交換訊息、互通有無。

再來可以上網找，它的好處是迅速且一切公開，問題是無法接觸實物。因為即使同一個版本也會有很大的價差，比如在美國的舊書店賣20美元，在英國卻要賣200美元。這時要特別留意，因為這不是新出版的書，本本狀況一樣。很可能美國那本書已有磨損而英國那本有作者的簽名，這時花20塊買一本有缺陷的書不如花多一點錢買一本會增值的書。畢竟一分錢

參加拍賣會的流程

確定所在城市的拍賣會：可透過網路、電話簿、拍賣會會員名錄、市政資訊、古書商等等管道來收集。
索取目錄：電話訂購、函購、傳真、網路訂購、現場購買等方式。
研讀目錄：了解是否有特別及有興趣的書籍。
確定目標：找出自己想收藏的拍賣物。
參加預展：眼見為憑（參加拍賣會最重要的一步）。
審核與更換目標：再次確定自己想收藏的書籍。
參加拍賣：書信委託、電話競拍、現場競拍等方式。
提領藏品：現場提領、郵寄提領。

一分貨，好的東西人家才會去收藏。

在拍賣會，書就是藝術品

書籍在拍賣場交易，要課22%左右的稅，因此拍賣官會從低於底價三成的價格喊起。一般拍賣場會有一個公定價，也就是行價，它和市場價是有差異的。在會場競標的價格，有時會高出市場價好幾倍。比如一個鼻煙壺的起價

拍賣場風雲

拍賣會以如此行禮如儀的方式運作。一群共同參與拍賣會多年、彼此間互相熟識的書商（或畫商、家具商、銀器商……等等）齊聚會場，這個人包辦某些特定等級的貨、那個人包辦另外某些特定等級的貨，整場拍賣會便如此這般以此類推；現場絲毫嗅不出一丁點拚搏較勁的煙硝味兒。等檯面上的拍賣會一結束，另一場旋即登場，這場拍賣會更教外人插不了手，各書商攬下來的書籍這時重新洗牌轉售，其價格則以高於原先的成交價，按照某種行之有年的行規分配給在場的人。常常會看到某人只要到會場轉一圈便能平白賺到一大筆錢；他根本連一本書都甭買。而且，哪個不長眼的門外漢要是陰錯陽差跑進拍賣會場插花，那些業者包準教他吃不完兜著走，如果他硬著頭皮投標，就算他最後如願得標，成交價格保證會令他這輩子只要一想起來就頓足捶胸。

屢屢可見某人越洋委託英國的大書商下標，事後卻旋即在報紙上看到那部書以等同於或遠低於他所投標的價格成交，他

八成會對自己居然沒能得標感到大惑不解。報紙上刊登的價格全是唬人的；其實在場外的交易中，那部書賣得的價格比他們所聲稱的成交價高出甚多；連拿那部書出來賣的人也被蒙在鼓裡，他拿到的錢或許還不到整批藏書價值的一半。郝氏遺產的處置權人之所以決定將他的大批藏書留在紐約進行拍賣，就是為了要避免可能發生的人為操作，要是哪個「有錢的美國佬」不信邪，偏要把藏書送往倫敦拍賣，大概就只能任憑宰割了，君不見1907年由蘇富比舉辦的凡．安特衛普拍賣會就是個血淋淋的現成例子。

我的案前現在就擺著一冊登記成交結果的凡．安特衛普拍賣目錄，當書價紛紛蒸蒸日上且漫天要價的當兒，那批數量雖不多但件件皆屬精品的藏書付之拍賣，只消稍微細讀一下目錄，便可看出當年那些書的下場有多麼慘了。裡頭有一部簽贈本《濟慈詩集》只賣了9英鎊（阿諾德曾以71元購得一個本子，六年前以500元脫手賣出）；而彌爾頓的《柯摩斯》居然

是600馬克，最後竟以18萬成交。當有兩個人爭相一定要某樣東西時，價格就會飆漲得出乎意料。另一種情形是，競標之後的最高價，比賣方的底價低，這時雙方就會私下再談，這筆交易未必成交。競標者不一定都是高舉號碼牌喊價的，有的人很低調，現場拍賣官要眼觀四面，注意各方買主的肢體語言，久了之後，就能了解熟客的習慣，哪怕是對方只是動了動指頭。

拍賣會的書都是較好、較珍貴的，普通的書去找舊書商就可以了。你要對收藏的目標很明確，才知道自己需不需要進拍賣會。當然，事前一定要作功課、收集資料，判斷所定的行價是否公道。在拍賣會裡，書就不再只是書了，而是一件藝術品。　■

還賣不到800英鎊（現在的行情高達兩萬五千元）！一定有人會主張：只要大家從今天開始都老實行事，便能終結那種見不得人的運作方式，但是，英國長年陋習積重難返，要徹底根除唯有透過立法一途。此事現在倒是露出一線曙光。就在前幾天，達靈勳爵（就是咱們多年來很耳熟的「達靈法官大人」〔Mr. Justice Darling〕）才剛剛提出一項法案送交議會審議，計畫訂定法條明確禁止任何迴避公開競標的私下交易協商，而會後一切檯面下的書籍買賣均屬違法，所有參與該交易的人也將被科以最高100英鎊的罰鍰或處六個月的刑期（情節重大者可兩罰並施）。在審議法案的過程中，某位拍賣商同業公會的代表出面陳情，聲稱該項暗盤交易形式乃眾多行業普遍採行的商業行為，拍賣商很難自外於主流云云。他毫不諱言：要禁絕業者私下買賣書實有其困難，若通過該法案勢必會相當程度抑制圈內的經濟活力。當然啦，對私下交易勾當最深惡痛絕的莫過於拍賣商自己了，因為他們的獲利端賴商品（不管是什麼商品）的售出價格高低而定。場外拍賣的習慣乃源自古老的行會（Guild）或同業公會約定俗成的行規：若沒在業界長久打滾混跡，就甭想進來分一杯羹。

拍賣場上的傳奇始終無人形諸筆墨，未來八成也不容易看得到；那裡頭有太多詭譎刺激直教人無從招架；恐怕連「斗篷女奈莉」也要相形失色。無價珍品賣不了幾個子兒──當然，不是每每如此，只是偶爾。不久前在倫敦舉行的一場重要的拍賣會上，查令十字路的約瑟夫花了3英鎊到一紮樂譜，後來以25英鎊轉售給基爾德福（Guildford）的索普。誰會料到那疊玩意兒裡頭居然摻着一冊雪萊的大作──《瑪格麗特‧尼可森遺稿殘篇》？當然沒有人料到得，可是它偏偏就躲在那兒，經過數度易手，短短幾個星期之後，加伯瑞爾‧威爾斯在紐約以8,000元脫手。　■

摘錄自《藏書之樂》（暫定書名，愛德華‧紐頓／著，陳建銘／譯，麥田即將出版）

從工程師到收藏家

李高雄的古舊書店經驗

在古舊書店裡漫遊，最後總是書找上你。

文—藍嘉俊　攝影—賀新麗

也許是第一次走入牯嶺街的感動影響深遠。那是1967年，這塊舊書市集的輝煌歲月尚未結束，足以燃起李高雄這個理工青年的人文火苗。畢業後進了台電，開暇時則持續在國內外的古舊書店內練功，三十年來，他的收藏品足以達到博物館借展的水準。李高雄認為，舊書之所以吸引人，就在於它的稀、奇、古、怪。逛舊書店則是個意外多於計畫的過程。由於欠缺分類系統，在那個書滿為患的擁擠空間裡，尋一本書，不要說顧客，連老闆也說不出正確的位置。最後，總是「書來找你」。對舊書店老闆的了解和互動非常關鍵。多年的經驗下，李高雄可是把他們的脾氣摸得一清二楚。但無論對方是誰，不亢不卑是主要的原則。不同老闆有不同的收書管道，有些人就是能提供較好的物品、對某類書籍特別有辦法，掌握各自的斤兩，往往事半功倍。

一些書店老闆自己也藏好書，在書背上標明「自存」，就算是非賣品了。但若主顧交情不淺，這書仍是可割愛的。有一次，老闆向李高雄展示姜貴春雨樓藏版的《今檮杌傳》，即是後來著名的《旋風》，還附有作者簽字，由於姜貴是他景仰的作家，這本小說是勢在必得的。在套用了各種關係下，這本老闆「自存」書終於也上了李高雄的書架。

如何和老闆建立交情呢？最有效的方式就是勤跑書店，也可以比別人更快獲得好書資訊。找書的視角也是個學問，一般人習以眼睛的高度尋找，但在高處和腳下，往往會有一些真正的寶藏，絕不能忽略。收藏古書並不是個人人都能理解的嗜好。那個年代，一碗師大牛肉麵不過五塊錢，一本好的古書卻要幾百塊甚或更高。李高雄拿出一本標價300的書，但仔細一看，後面還有個零已被處理掉了。許多書痴也許都有這種經驗，藉由對標價動手腳來減輕家人的責疑。

相反地，就有一批古物同好，既是心得與訊息的交換者，也是獵物的競爭者。曾有索價不菲的《支那民俗誌》三冊殘卷，受限財力，李高雄先買了其中兩本，剩下那冊想等過些日子再和老闆殺價時，卻被另一位朋友捷足先登。最後，誰會退讓、誰能收齊完整的三本書，就變成一個同好間的耐力賽。在歐洲，古書店的老闆可以是個文學博士，提供專業的服務。有的舊書店，店員會打上領結，形象不輸連鎖的新書局。他們對書籍的修補、基本資料登錄都有要求，書況也普遍較佳，不像台灣，很多書都破破爛爛的。李高雄認為，古舊書店反映了一個社會的文化水平，文化的底蘊夠深厚，才能支撐好的書店。

和全盛時期相比，台灣的舊書市集的確沒落了。但散居各地的書迷，仍舊是熱情不減。談起收藏品，滔滔不絕的李高雄不再是工程師，倒像是個考古學家了。　■

Part 5
痴然生活
Life with Books

書得起

我常常懷疑，我的間歇性背痛的成因，應該歸咎於我那一批由八歲至十三歲之間的私人藏書。

文—歐陽應霽

tsœ:  olving

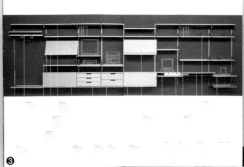

那個時候當然住在家裡，小小房間還是上下舖，我與弟弟睡上格，老保母和妹妹睡下舖。雖然在和弟弟協商之下，我在床頭已經用木板自己釘一個書架，滿滿堆著作為一個小知識分子身邊應該有的書，諸如水滸西遊紅樓夢，格林童話全集，俄國小說卓婭和舒拉的故事，鋼鐵是怎樣煉成的，魯迅的小說艾青的馮至的詩集等等等等。但更重要的，是那一大疊當年在家裡被父母禁讀的，不能堂而皇之放在書架上的，諸如黃玉郎及同門師兄弟的小流氓，龍虎門及李小龍功夫漫畫，以及發育時期少不了的三四五級英文中文色情雜誌小說，都只能用塑膠袋——包好，塞進薄薄的鋪了涼蓆的床褥下面——由於藏書過多，兄弟倆的床有如丘陵，當年還不懂人體工學原理，沒法把藏書平衡分布，我想，這真的會影響兩個少年的脊椎發育，如果真的因此影響了弟弟的背後幸福，在此深深遺憾。

愛書，尤其愛一切的禁書。每當腰痠硬背痛，就會認真思索私密藏書的重要。父母親光明正大，家裡小小客廳的一牆書架都是開放式的，層層疊疊看得一清二楚。我卻生出一種傾向，特別是離家自住之後，所有的藏書都放在有門的書櫃裡——這大抵不是防潮除塵的考慮，也不是受什麼簡約主義設計風潮的影響，為求室內不會眼花撩亂。這應該是一種潛在的心理需要——頂天立地貼牆而建，儘管我現在的書櫃裡倒不盡是禁書，但讓自己心愛的一組又一組中外書刊，關了門在他們她們私密的幽暗的世界裡，相互對話相互閱讀，也是對滋養我影響我的愛書的一種報答吧。

You Are What You Read

小時候跟父母去長輩家裡串門子，叫我頭一回認識到什麼是「真正的」書櫃。父母當年同在香港一家叫「上海書局」的出版社上班，老闆是上海人，老先生姓方，我清楚記得他的慈祥長相和那叫

❶ 自行調節組合的Vitsoe 606層架系列自1960年推出以來，受歡迎程度有增無減。

❷ 廚中一隅，滿滿都是食譜及飲食文學經典。

❸ 從基本層架出發，多功能配備發展自成一世界。（取材自Vitsoe型錄）

我怎樣也聽不懂的上海口音廣府話，還有他書房內書桌旁一列排開的深棕木色有玻璃門的雙門書櫃，玻璃門後還掛著長條子白抽紗，素雅至極。至於旁邊放的是怎樣的一張舒服躺椅怎樣的一把可調校高低的座地閱讀燈，倒是印象模糊——當年年少，直覺這就是讀書人理想中的天堂境況，後來看歷史照片，發覺毛澤東在中南海的書房一角，裝潢布置竟然長得也差不多。

從那個時候開始，我就特別留意別人家裡的書房書架書櫃規模和長相，從半山豪宅裡十分英式的貼滿了墨綠壓金線條紋牆紙裝潢的書房，書櫃造型細節都是仿羅馬建築式樣，與櫃中煞有介事的厚硬精裝西洋古籍的書面很是合襯，當然那一列存量上二十年的鮮黃書脊的《*National Geographic*》也很醒目。然後到那少數用上明式書架來象徵式的放幾疊線裝書，旁邊一堆亦舒的流行小說和外文Paperback，也還OK。更多朋友用上的是實在不勝負荷，都鞠躬盡瘁彎了腰不能復原的宜家書架，上面滿滿堆著小半輩子已讀的未讀的教科書心靈勵志書電玩必殺技天書寫真集佛經哈利波特等等。從前熱中於進門第一時間去八卦人家的書架上放什麼書籍以認識了解屋主人的個性修養以至性取向，現在多了一個動作要去開人家的冰箱，You Are What You Eat（And Drink!），你的靈魂你的真身藏在這精采萬分的攝氏四度中。

環顧四周，相對於要坐下來休息要躺下睡覺的人口，要專門坐下躺下乖乖的好好的看書的，也許不多，甚至越來越少。當今最與時並進的家具設計，大抵就是電腦組合工作站（用的甚至不是Study Table而是Work Station這個概念！），所以與上課與上班不直接有關的閱讀，幾乎就是純然興趣消閒的活動，也就是說，相關的家具就是一般的沙發和單椅，專門一點的是躺椅。從經典一點的Charles & Ray Eames為Herman Miller生產的躺椅編號670和腳靠編號671，Alvar Aalto的一系列北歐風格的屈曲膠合板扶手椅，到最適合窩在裡面讀科幻小

▶ Ettore Sottsass,
Carlton bookcase for
Memphis, 1981

❹

DESIGN
of the 20th Century
Charlotte & Peter Fiell

TASCHEN

462 · Memphis

《*Design of the 20th Century*》
編著：Charlotte & Peter Fiell
出版社：Taschen

相對於十年二十年前，現今作為一個念設計的學生，或者是一個設計品愛好者設計品消費者，幸福得多，也煩惱得多。

現在只要肯翻翻書，工業革命後迄今不出二百年的設計史前因後果，來龍去脈不難掌握清楚，餘下就是你自己去理清自己的觀點角度，有一己見地有想法，比之前資料並不齊全普及的年代該是方便多了——也因為這樣，左思右想的機會不多，不像從前的因為喜歡所以喜歡就是喜歡，這個跟那個一比較，該為家裡添點什麼呢？有夠頭痛。

百科全書一般的厚厚七百六十八頁，設計史研究夫婦檔Charlotte & Peter Fiell再下一城，也不知他們是翻閱過多少資料史籍才編輯成此精簡俐落的普及設計史。更有興趣的是，他的家裡書房，用的是什麼書櫃書架？累了依靠的又是哪一張躺椅？

說的Eero Aarnio Ball Chair到義大利三人組DePas, D'Urbino Lomazzi六三年版的棒球手套Joe Chair或者充氣經典Blow Chair，都是叫傳統非傳統讀書人心頭一動的。至於本來一心閱讀的躺下來太舒服，不久便沉沉睡去在夢中與作者直接溝通，這也是意料中事。

　　恐怕這世上再沒有人如此艱苦好學的囊螢映雪或者鑿壁偷光了。身邊案頭上用的以及沙發旁閱讀用的都是有可調節鋼臂的檯燈和地燈，都是義大利Artemide品牌，由設計師Michele de Lucchi和Giancarlo Fassina合作設計的Tolomeo系列，一用超過十五年，是足以叫讀書人不離不棄的親密照明。

MEMPHIS Milano In London

◀ Broadsheet for "Memphis Milano in London" exhibition held at The Boilerhouse, Victoria & Albert

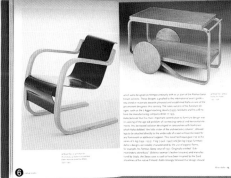

出走、懸空、東歪西倒

　　回到主角身上，書架書櫃倒是有好一些選擇，且時有驚喜。從五○年代早期Charles & Ray Eames的ESU 400貯物系列到彼岸法國Jean Prouve與Charlotte Perriand合作設計的層疊書架，都有將工業規模風格結合家用產品的傾向，以至此後美國簡約裝置藝術元老Donald Judd的塗彩懸

4 老頑童Ettore Sottsass在八○年代初領導Memphis設計團隊掀起後現代設計風潮，以身作則有此示範作書櫃Carlton。

5 十分太空感覺的Ball Chair是芬蘭設計師Eero Aarnio六三年的早期作品，從前躲進去看科幻小說，現今躲進去玩電玩。

6 芬蘭國寶級設計師Alvar Aalto的典型北歐風格的躺椅，是自問清廉素淨的讀書人的至愛，只是建議大家加一塊墊子，否則坐久了屁股痛。

7 遙遙呼應Eames夫婦檔的組合書櫃，法國彼岸的Jean Prouve及Charlotte Perriand有此一自由開放的結構選擇。

空書櫃，都屬於此一派別。最為發揚光大的是家具生產商Vitsoe的貼牆不鏽鋼架結構，再按自家需要安上活動層板，靈活自由，深受擁護。當然亦有極具個人風格化的搞怪版本：諸如Ron Arad為Kartell設計的塑料書蟲，一尾大蟲彎彎曲曲吸附在牆上，任滿天書刊東歪西倒，又有由義大利國寶設計元老Ettore Sottsass設計的後現代書架Carlton，本身有若圖騰，最好空空由它放著當七彩雕塑。近年冒出的英國設計新秀，對書可是比較不客氣，有用密集釘齒打造的一根鋼管掛在牆，鼓勵大家把Paperback就此擠進去卡住，有點殘酷。異曲同工的設計有用鋼線條條拉緊成屏風，個子輕巧的書也同就此懸空「咬」住鋼線，天外飛書。

愛書人如你如我，一定有各自方法好好讀書，理書，藏書。我慶幸我的開放式的家裡早就有點「封閉」的自行設計度身訂造的有門的書櫃，近年愛下廚，且勤練習，開放式廚房燒起菜來油煙跑得一屋都是。有了此防煙門，書得起，還好。

書得起，也是我一位新加坡好友在港經營的書店的中文名字。當初一看這個語帶雙關的名字，哈哈大笑連聲讚好。後來收拾家裡陳年舊稿，發覺多年前自己一篇寫書架書櫃的短文，竟也用過書得起這個題目，有志一同，也很好。

本文作者為作家

⑪

⑫

⑧⑨⑩ Tolomeo既乾淨俐落又多元多樣經年耐用夠厲害。（取材自Artemide型錄）
⑪ Ron Arad的塑料書蟲Book Worm，捲曲程度自行選擇，只要你搭得一口一口把牆打洞入釘。
⑫ Alberto Meda與Paolo Rizzatto合作設計的塑料書架系列就叫Partner。金屬亮面與彩色塑膠的配合，第一代Cyper家具。（以上取材自Kartell型錄）
⑬ 英國設計團隊 PROLTR:RIHL有拼合衍生的不規則書架構式。（圖片由作者提供）
⑭ 就憑鋼線一根就把書凌空懸起，有點神奇。（圖片由作者提供）
⑮ 傳統手編藤椅工藝有了一個現代的 Organic 版本。（圖片由作者提供）
⑯ 在發亮的超大型水母／蘑菇底下讀書不知會讀出什麼童話感覺。（圖片由作者提供）

14

⑬

BOOK WORM
LOVELY RITA

Design Ron Arad

Due perfetti esempi di c
carry nel design: BOOK
la libreria che "prende la
vuoi tu". Una combinaz
tecnologia e poesia, di s
dei materiali e gusto del
anticonformista. LOVELY RITA
mensola-libreria, riprende l'anda-
mento sinuoso e le stesse
tonalità di Book Worm.

wissenschaftlichen Kriterien
ausgesuchten Materialien und
einem nonkonformistischen Stil.
Das Bücherregal LOVELY RITA lehnt
sich an den kurvenreichen Verlauf

⑩

TOLOMEO LETTURA

TOLOMEO FISSO

TOLOMEO MINI

⑧ **TOLOMEO VIDEO**

⑨ **TOLOMEO MONO**

⑮

16

一些炫耀的展示

家中的藏書該如何擺設，才能表現出有個人特色的圖書室？

文—Susanne von Meiss　攝影—Reto Gunth

翻譯—楊娉育　整理—黃恩蓉、冼懿穎

「長久以來，我一直發現到一件事，總覺得書本特別適合當作禮物餽贈給朋友；我們經常會閱讀它，也經常以之回贈給對方；然而，我們接近書的機會卻經常局限在特定，被選定的時刻。我們對書的需求，不像發生在生活中每一分鐘，譬如對一個茶杯、玻璃杯或與家人談心的需要性那麼大，所以我們對友人的記憶，常常只是一陣短暫且愉悅的精神饗宴。」1830年威爾罕・奉・寶德在一封寫給他女友的信中，以一種全方位、且略帶哲學味的口吻，來探討以書當贈禮的價值性。

事實上，當今以書當贈禮、或為收藏品，仍然深受大眾的喜愛。而且，有越來越多人內心開始產生疑惑，家中的藏書該如何擺設，才能表現出有個人特色的圖書室。室內設計師致力表現多樣的室內設計風格。首先，第一個思考的問題就是，怎樣呈現出自我私密書香世界的特色，進而給予書籍收藏與裝置建議。

一千零一夜的奢華

奢華鋪張的表現方式是倫敦室內設計師阿利德的特色，他的圖書室幾乎全是以金色系來裝飾。在他的研究設計中，這名波斯裔英國人以供「研究、閱讀、看電視、家庭聚會、小酌、靜思的房間」來稱呼這間兼備各項機能的圖書室。特別的是，那裡沉浸在二十五種富有東方氣息的金色情調中（圖1-4）。「那裡是我迷惑誘人的一千零一夜房間」，設計師解釋，「書房應該是貼心、舒適且會讓人心神大振的地方，休息室也應如是。」另外，舒適與愜意也是不可或缺的因素，所以他讓書房沉浸在一種暈黃、溫暖、且富麗堂皇的色調──即黃、綠與褐色的色調。他希望創造一個有著故園氛圍、隨時會歡迎客人進入的地方；讓人充滿安全感，如同在母親肚裡般安全。在暗色調及設計成抽取式格層以方便取書的書架旁，一張柔軟、舒服的靠背沙發是必要的；配上設計家的高腳架燈座，在午後盡情融入於濃濃閱讀情緒的氛圍中。

❶❷ 阿利德，這位倫敦設計師喜歡讓他的書香世界有著暈黃、優雅的神祕色彩！此外他也希望散發出溫暖、舒適的感覺。這位設計師偏好以閱讀、聽音樂及談話來度過午後的時光。

❸ 牆上、房間天花板全是紅色與金色的東方色彩圖案，而椅子、桌面也充滿了豐富的圖案。這樣的圖書室竭誠邀請每個來此的朋友，都能停留與閱讀。阿利德稱它為「他的夜室」。

❹ 此房間以雕像、書本與富麗堂皇的飾物來裝飾，讓這裡呈現一種猶如來自古老童話裡的圖案效果。這裡充滿著想像空間，鏡中映射的燭光，彷彿可以永無止境地燃燒一樣。

⑤ 華萊士設計了一個可以放置書本的尖塔，這種輕型、優雅的結構形式，可以讓藏書者從每一個方向欣賞自己的藏書。

三角遊戲

　　「書本並不是要像軍隊成行成列地排列站立在那兒，也不是要把整面牆都遮蓋起來。」亞利西斯・奉・華萊士設計了一個三角形的架子來放置他的書（圖5）。這個形狀獨特的書架柱子，以富有層次感的亮色木頭搭配，白臘樹與橡樹是他主要購買的木材種類：「我住的地方，長滿了各種樹木。我很喜歡工作室裡放著這些實用的木頭，可以拿來製作小桌子或書架等物品。」華萊士本身是法國設計流行商品店與商品陳列室的室內設計師。「這樣的一個三角形的書架，它看起來要像是在時光中流失的雕塑品，

⑥ 哥斯林的靈感源自歷史建築，也喜歡以建築物作為速寫草圖的對象。

⑦ 在哥斯林家中，大廳的一整面牆被書櫥所覆蓋。他說：「它應該是既古典而又現代的，簡單且多元的，多元性遠超過一個普通書架的功能。」他如此描述這個比例勻稱的「作品」。

又同時要創造一處它們『存在』的地方。對我而言，那是一個『富麗堂皇的挑戰』！」此外，這個塔形書架還有一個附加效益——放置酒瓶。所提供的空間是一天一瓶，365天，整年份的空間！

牆上的風景

不是每一個人在家裡都有一間專門藏書的書房，大部分都是局限在某處，書只能擁有自己的一個小小角落。然而，這樣的角落也可以產生不可思議的想像世界！提姆‧哥斯林（英國大衛‧林内設計公司的老闆）從建築藝術上取得創作靈感，成就了這樣高雅的家具藍圖（圖6-7）。在這高雅的書房裡，典雅的宮殿、俄羅斯聖彼得堡的前門等等這些設計元素，都透過木頭鑲嵌細工而被烘托出來。

在大廳的一處，哥斯林把一個多面的書架裝飾到他的牆上去！透過書架優雅的桃花心木圓柱及高貴的黃銅鑲嵌工藝，變成一個與接觸面緊密結合、三次元的空間。

透視觀景

室內設計師瑪麗亞‧艾蕾歐諾‧奉‧海夫登，她的圖書室位於馬洛爾卡

❽在這個陽光盈滿的房子裡，海夫登把書籍都放在簡簡單單的「牆上洞穴」裡。
❾海夫登工作室的每一個角落，都布置著富有藝術價值的靜物寫生圖畫。

❿這個兼具大廳與圖書室功能的空間,是亞彭耶精心的設計,位於倫敦市政府入口旁。她認為書本不應該只是供人閱讀而已,還可轉化運用成為裝飾的素材。

(西班牙島嶼)華麗美極的建築物裡面,散發出亮麗光彩的島嶼風格。這個超乎尋常大的書籍壁龕——發揮摩爾人(Maurisch)那種強悍的精神,其特殊的拱形設計,把工作室和客房的空間連接起來(圖8-9)。那種像生活在夏日自然饗宴的輕鬆與清新感,完全映射在粉刷成一壁雪白的圖書室。

擺架子

目前在倫敦MM設計公司工作的室內裝潢師,葛拉芙・摩妮卡・奉・亞彭耶,心裡經常有一個疑問:「我要怎麼樣才能將書本與電視機整合在一起呢?如何將音響裝備與大型的相片書冊一起放入我的

小起居室,又能顯得協調而不會突兀怪異呢?」靈巧與創意讓這位來自奧地利的室內裝潢

⓫當這位來自瑞士的設計師高魯德將一個老舊的半身塑像與一本書組合,書本彷彿睡藏起來。
⓬那些放在老式英國書櫥中的書本,在燭光搖曳下散發出一種獨特的光芒。

師贏得足夠的空間，即使在牆中央挖了壁爐後，兩邊仍有置放物品的餘裕。這些架子的深度，可以把音響器材與電視機隱藏起來，實在是一個多功能家具（圖10）。在這裡，每個聲音幾乎都可以從牆上灰色的木格裡發出，「書牆裡產生一種張力，讓書牆裡的這些器材不會顯得索然無趣。」

一點燭光

瑞士室內設計師克利斯朵夫・高魯德醉心於蒐集歌德與席勒原版的作品，時間長達十三年之久，而且只要在古籍中提到這兩位作家的生平事蹟，即變成他的獵物。他一直住在倫敦，而且在當地設置了一間圖書室。「書架的擺設應該要遠離光源」，這位專家如此詮釋他的圖書室概念（圖11-12），「而理想的圖書室則需要有好的光線和空間，在那裡人們可以放置他們的書桌或者供閱讀的沙發椅，因此必須讓充足的光源射入。但是，只有這種讓人舒適地躺著閱讀的沙發是不夠的，一些發黃老舊褪色的文學資料、帶有輕微裂痕的老舊皮革，才能真正營造出我想要的氣氛。基本而言，書房的色調要飽滿鮮豔，這樣就能促成一種溫暖、愉悅感覺，而火焰熊熊的壁爐能讓這樣的氛圍更加圓滿舒適。」

人不轉書自轉

來自美國的設計師麥可・沃夫森，在蘇黎世一間小公寓裡，布置了一個符合「吃飯、交際、休息」三種需求的單一空間，餐廳的整體色調以有若公牛鮮血般的鮮紅色調來調配，配上鑲銀色框的牆壁，還有墨綠色的天花板，這樣一個「書牆」，是他認為最理想的圖書室模樣（圖13-15）。「我設計了一種裝有滑輪，可移動的書牆，可以提供足夠空間來放書，還可以擺放我的義大利陶器。」在這裡，客人在茵葛茂爾所設計的多功能燈具下進餐，在這樣的氣氛下，每一個人都給予這頓晚餐最高的評價。此外，客人也可以拿著喜歡的書坐在書桌旁，享受整個空間所散發出來的和諧舒適感。

不完美的完整

義大利室內裝潢師佛羅倫茲・密爾西，在米蘭一棟外觀富麗堂皇的建築物的第四層樓，創造了一個紅色、米色調的夢境（圖16-17）。她從拿破崙三世的那個時代獲得靈感；這位室內裝潢工作室老闆相信：不同的素材、顏色及家具的組合，會形成「一種不完美的完整」。她執意將所有的藏書，放在一個小空間裡，彼此連結著。「很重要的是，將書本放在一個很好的環境中，」這位米蘭人如此解釋。「一面書牆應該配上一些小圖畫、家庭用品或者

⓭這個立方體小桌是用鋼作成的，再包上金箔。對邊懸著瑟戈一摩伊勒燈具，而這幅「一條穿高跟鞋的腿」是柯比・西爾巴的作品。
⓮設計師沃夫森。在設計家具時，他喜歡使用罕見的素材和設計獨特的樣式。
⓯此為沃夫森設計的飯廳與圖書室的組合。鮮豔的色彩、絲質的窗簾、一座自己繪圖設計的滑輪書架，及茵葛茂爾多功能的燈具，這些都決定了整體環境給人的感覺。

其他東西，氣氛才會變得輕鬆自在。另外，在這些明亮的書架上擺置一些圖畫，可以為整個圖書室帶來畫龍點睛的效果。」

與繆思同讀

這個空間看似已經無法再放進任何東西，其實可以隨時擴增——這個壯觀的圓形空間，就是英國人安東尼·派內的圖書室（圖18）。這個圓形、富古典主義色彩的圖書室，憑著其亮藍色調的圓頂構圖，贏得1990年大不列顛室內設計展示會比賽中的首獎！這是一種對書本世界充滿想像的偉大頌歌。派內如此介紹他的圖書室：「華麗舒適，卻完全不做作。」細長的帶狀圖畫緣飾，被這位設計師稱為「英國天空的青藍」；八角形木製圓頂下，繪以阿波羅為主題的圖案組合，表現出神話裡一個新式的繆思形象。

（本文圖文取自《Bücher Welten: Von Menschen und Bibliotheken》，Gerstenberg）
作者Susanne von Meiss是多部生活品味與室內設計相關書籍的作家。

⑯⑰ 在密爾西的公寓，布滿裝飾品的書牆將客廳與圖書室做了區分。在那裡，一張骨董書桌顯然居於主導地位。鍍金的路易十六時期的椅子、拿破崙三世時代的舒適沙發椅，裝飾整個大廳。
⑱ 這個呈現圓形空間的圖書室，既壯觀也舒適。牆壁上的帶狀緣飾將書櫥和亮藍的圓頂分隔開來，上面繪有象徵智慧的神話人物及符號。

高移動性的書房
黃永松的老巢

人世的生活，在莊子看來是「無生命的有秩序」，莊子所要追求的卻是「有生命的無秩序」。

文—藍嘉俊　　攝影—賀新麗

　　以《漢聲雜誌》為基地的黃永松，經常一襲寬鬆的布衣，腳著涼鞋，彷彿隨時可以動身、走上好一段長路。三十多年來他就這樣跑遍兩岸，記錄下無數的傳統藝術文化。高移動性與不斷切換的沿途畫面，也深深影響著他孵化理想的所在地——書房。

　　黃永松的書房有兩個特色。第一，是書房即工作室；第二，書房裡藏的不見得是書。

　　漢聲的大本營由好幾間公寓打通而成，上上下下，有點像迷宮。這座迷宮有四處藏書的空間，但他主要的兩間書房位於三樓，他稱之為「老巢」的所在。

　　黃永松手上把玩著幾顆從中國最北端哈那斯湖邊帶回的黑石，帶領我們進入他的第一間書房。這老巢不大，很樸實，令人感到親切、自在。除了美術和傳統文化這兩大主流類別，編書，還需要其他大量的書籍、資料作後盾。但因為空間有限，高頻率使用到的書才會放在架上，下次換一個主題時，就會有另一批書進駐。他自認不是藏書家，是「用書的人」，這裡一切以實用為考量，是間流動性很高的書房。

　　書房裡還流動著薄霧也似的梵音，那是百字明咒。主人皈依藏傳佛教，入門左側布置了一個小小的禮佛空間，鋪上榻榻米打坐養身，和書房的調性相同——修練心靈。打坐是需要挺直腰桿的，讀書也是。黃永松有兩張來自瑞

典、造型獨特的椅子，可以避免脊椎不當彎曲，因此，他總說他是跪坐著看書的。

讀書做事最怕吵，無論是書桌上那尊雪白的佛掌雕刻或門口的佛像珠簾，都有一種心理上的隔絕作用。走道上的駝鈴、銅鈴則形成了另一面「音牆」，人若在大桌子邊開會，路過者就會避免擦出聲響、小心繞過，自然就形成一個不被干擾的空間。

書房一定是要堆滿著書嗎？黃永松的書房更像是百變的民藝館。

人生總是充滿了弔詭。六○年代，黃永松沉浸在前衛美術裡，後來整個人調過頭來，投入了光譜的另一端──民間傳統藝術。如果說藝術文化像一座金字塔，頂層屬於士大夫與宮廷的品味，底層則是庶民的天地。黃永松在意的是後者，真正動人的力量乃是存於民間日常生活之中。他到各地做紀錄時，為了不破壞原有脈絡，只將複製品或還在量產的民藝品攜回做教材。

因此，在另一間書房裡，書桌及架子上不時陳列著各地的石刻、泥塑或布縫玩偶，或者，是一隻鎮邪避災用的瓦貓。它們身上流動著原產地的血液，使得這個空間生氣勃勃。還有貼著標籤的幾個瓶子，趨前一看，是黃河土和三峽水；窗子旁掛的鹿角形樹枝，則是第一次攀登玉山時撿回來的，有33年歷史了。除此之外，四周還貼滿和工作、生活有關的圖紙和照片，他說這是「以牆做史」。

這麼繞上一圈才發現，黃永松在書房裡看書、編書，編書過程歷經的手工品、自然物，又從書本裡走出來，成為書房的一部份。但它們不會被當作泡過藥劑的標本來保存，腐壞的就讓其腐壞，該送人就送人。物品隨著時間在書房裡蒸發，新的東西自然會流進來，像植物一樣，落枯葉、長新枝，總有不同景觀。

只要黃永松不卸下趕路的行囊，他這個隱藏在常民小巷的棲息老巢，面貌就一直會改變，如同他所造訪的民間傳統藝術，永遠充滿活力。宗法莊子所追求的「有生命的無秩序」，是他案頭上的座右銘，也不知不覺地，成為貫穿兩間書房的主要精神了。　■

如何照顧書

把「她」帶回家了，卻沒有好好給予照顧，就好比再次蹧蹋這位美女，
她充其量只是在填補書架上，空虛的位置而已。

文—冼懿穎

　　班雅明在整理他的私人藏書時有感而發：當藏書家看到書籍流落在書攤時那種寂寞、被遺棄的景象，就好比在市場上看到一個美麗的、楚楚可憐的女僕，因此非要掏錢買她回家不可。對於藏書家來說，書籍獲得真正自由的地方，別無他選，就是在他自己的書架上。然而把「她」帶回家了，卻沒有好好給予照顧，就好比再次蹧蹋這位美女，她充其量只是在填補書架上，空虛的位置而已。

書的擺放方法

　　哪種擺法可以將書的損害減到最低呢？書架上的書籍最好是直立式擺放著，把高度和大小相同的放在一起（否則比較高的書突出來的部分會容易變形）。若書架並沒填滿，最好放書鎮在書籍兩旁，來保持書籍的「平衡」，便不會因為東倒西歪而令書籍彼此磨擦著。

　　對較大型的書籍來說，書背向上或切口向下，都會造成損害。若書背向上，書的重量就會壓向書背，把它壓扁；若切口向下，書的重量會把書背向下扯，令書背下陷。大型的書籍（長或闊超過十二英寸）最好是把它打平放置，就可避免以上的問題。當你看到書架層架鞠躬盡瘁、力不從心時，你大概要為書架進行瘦身了。

書架的空間

　　書架應有足夠的高度能讓手觸及書的上端，也可令空氣更流通。書架需要有足夠的深度，否則書籍突出懸空的部分便會因為失去支撐而容易變形。相反，若太深的話，書本背後便會多出很多的空位，塵埃、害蟲和霉菌會積存在書架的表面上。

書架的品質

　　表面光滑的書架會減少對書所造成的磨擦，因此表面粗糙的木製書架，或由好幾塊層板合拼成的書架就可免則免了。此外，書架上突出的釘子或螺絲、木刺等，都可成為殺書兇手。

除塵方法

　　不應讓書籍沾塵，因為塵埃會吸引害蟲、助長霉菌。可用軟掃（如畫筆）、乾的棉絨布，甚或吸塵器來除塵，不過使用吸塵器時，先把一塊柔軟棉織品封著吸塵器的管口，這樣可以避免吸塵器的吸力破壞書頁或書的裝幀。若書面（布或紙面）或切口有些許污漬，千萬不要用水來清潔，因為這樣會破壞書面或裝幀上的顏色，亦會使平裝本（紙皮本）封面曲張，難以回復原貌。橡皮可以用來擦掉污漬，不過要往外白邊方向擦，而不要往書縫以打轉方式來擦，否則會令紙張皺起。若皮革裝幀的書上有塵垢，不要用含油分的清潔劑來除掉，因為油會改變皮革的顏色，長期來說會令皮革硬化。

避免光源

　　陽光的直接照射下，大量的紫外線會使油墨，以及書籍的皮革或布面裝幀褪色（書脊尤甚），使原來藍色的皮革褪成深沉的綠色、紅色褪成咖啡色，所以別把書籍置放在靠窗的位置。除了陽光以外，燈光亦同樣具破壞力，所以在光源處應加上遮光屏。

保持乾爽

　　水是書的大敵，你有可能曾經發現一些咖啡色的斑點長滿在一些舊書頁上，這是由於書籍長期儲存在潮濕環境下的「惡果」。避免把書籍藏在潮濕的地方，如閣樓、地下室、廚房或浴室，濕氣會使霉菌增長、害蟲「襲擊」，亦會令紙張縐摺。若再加上一個高溫的環境，情況會更加惡化。相反，極乾燥的環境，亦會使皮革裝幀變得乾硬、脆弱。最佳的藏書氣溫是介乎攝氏16度至18度，相對濕度約為50－60%。

　　若真的那麼不幸，書籍被水沾濕了，應盡快做出救亡行動，因為霉菌可以於短短二十四小時內滋長。此時你該把書輕輕翻開，小心放於具吸水力的、不含顏料色的棉布或紙巾上。然後把書直立著，微微把書打開（然而不要強行把濕透黏在一起的書頁分開，乾透後書頁自然會分開），

給書不一樣的衣服
黃碧端的裝幀之樂

真正愛書的人，應該在讀書藏書之外也有時想到，某一本書如果配上某一種皮質或
某一種紋理色澤的布料作為書面，這本書的生命便會更豐富。

文—徐淑卿　照片提供—黃碧端

　　民國文人中，對書籍裝幀有濃厚興趣者頗不乏其人。魯迅、豐子愷、聞一多是大家比較熟悉的幾位。尤其是「何妨一下樓」主人聞一多，他的裝幀作品相當不少，像是潘光旦的《馮小青》、梁實秋《浪漫的與古典的》、徐志摩的多部作品如《巴黎的鱗爪》與《猛虎集》，聞一多自己的詩集《死水》等。不過時至今日，書籍的裝幀似乎成為一個專門的行業，鮮少聽聞作者自己動手作裝幀設計，更不用說幫舊書作修修補補或改頭換面的事情了，不過台南藝術學院校長黃碧端就是深懂裝幀之趣的一位。

　　黃碧端替自己裝潢書籍，是二十多年前還在美國威斯康辛大學念書時的事。美國有各式各樣教人從事勞作的書籍，像是種花、整修房子家具、製作珠寶飾物、修補書籍等。黃碧端對這類的書很感興趣，大概珠寶之外各類都蒐羅了不少，但是真正實地動手做的就是書籍的修補和裝幀了。她有時把平裝書改成精裝，有時替破損的舊書改頭換面。她念書的陌地生城（Madison）有一些有趣的舊書店，有時買到難得但有損壞的書，她就會為這些舊書修補整裝。裝書得用很多專業工具。她自謙只是玩票，主要用到的只是尺規、美工刀、黏劑、紙板、布料等。她選用特製的黏劑，因為黏劑關係到平整度和持久性。不夠好的黏劑不但不牢甚至會影響到書的紙張。她建議使用西洋裱褙用的Mount adhesive，噴的塗的都有，近年在台灣專門的美術用品店也可以買到。這種黏劑可以使書面非常平整，對精裝書尤其重要。至於如果是很小型或局部的修補，專門的供應商有無酸的Acid free glue sticks供應。一般市面上較好的「口紅膠」也可以用。精裝書書皮可以選擇自己喜歡的材質，諸如皮革、紙或布料等。書的背脊關係到整本書不斷翻閱的負擔，必須非常牢靠，要注意到書頁穿線的工整和與扉頁的連結。黃碧端認為，為書籍加工，第一個考驗就是牢固，其次才是你希望它是什麼樣子，這就繫諸於個人的品味了。

黃碧端將《紅樓夢八十回校本》從平裝改裝為精裝本。

替書做衣裳

除了幫書籍改頭換面外，黃碧端覺得幫書做盒子也是有趣的事，書盒不但有保護書籍的作用，同時在找書時也非常方便，在組織藏書時是很有用處的。

黃碧端說自己是會為紙質著迷的人，她用過的包括日本花紙，西洋人的大理石羅紋紙，當然也用各種隨手可得的包裝紙或布料。她提到西洋人從中世紀就開始使用的大理石羅紋紙，這種紙是利用顏料在液體中暈開的時候呈現各種不同的紋路形狀製作的，顏料在暈開過程中分分秒秒出現不同的花色，非常漂亮。

精裝書籍需要打洞、穿線、裝訂等，必須更專業的學習和專門的工具。到台南藝術學院之後，她很欣喜的發現校內的「古物維護研究所」就有「紙質文物修護組」，修護的對象是重要文件、地圖、畫像，但也包括了書籍的維修裝幀等，並且不斷購入許多各型專業工具。黃碧端欣喜的原因是，她回國二十多年來，一直覺得台灣的出版品雖然在封面設計上已有進步，但是卻很少看到為個別書籍做很好的整體裝幀設計，現在有了「紙質文物修護」的專業單位，如果有些藏書家或愛書人要為自己的藏書重新裝幀時，至少有了委託之所。

早在1987年，黃碧端就在《聯合報》每週專欄裡寫過一篇〈說裝幀〉（後來收錄於她的隨筆集《有風初起》〔洪範出版〕裡）。她寫道：「好的書籍裝潢，本身也足以成為經典之作和收藏對象。中世紀歐洲傳下來的一些經典或福音書，封皮有時等於是一個寶盒，鑲珠綴玉之餘，銀絲環邊、金鉤為鎖……，雖極盡寶氣之能事，卻也極見手工之精美。」文末她並指出：「真正愛書的人，應該在讀書藏書之外也有時想到，某一本書如果配上某一種皮質或某一種紋理色澤的布料作為書面，這本書的生命便會更豐富；他並且會進一步像訂做衣服或家具一樣，要求裝訂師傅按他的構想把這本書裝潢起來。」

「如果莎士比亞或哥德當得起這樣的裝幀，莊子或杜甫自然也當得起。」黃碧端說。

每個人對書的態度不同。有人認為書的內容最重要，至於她長得什麼樣子則不需措意，有人對書的感情，除了知識的汲取之外，認為它的印製用材設計……都是一體，甚至希望幫她巧手裝扮，以表達對書的執迷愛戀。想到抗戰的連天烽火中，聞一多在西南一隅的小書齋裡，埋首幫書籍做著裝幀設計的工作，可見此間誠有至樂。就像在陌地生冬季的漫天風雪裡，想像黃碧端在燈火之下幫書籍打理得煥然一新，此中之樂，恐怕也非外人所能體會。

THE IMPORTANCE OF UNDERSTANDING

Translations from the Chinese

by LIN YUTANG

破鐵網
藏書票蒐集記趣

面對叢叢珍奇動人的珊瑚，自己只有破網一張，
只好留下幾行文字，聊表悵惜之意。

文・圖—吳興文

表現主義先驅柯克施卡的夜讀藏書票。

凡走過的必留下痕跡，收藏也是一樣。

據說唐代人用鐵網沉到海底去採集珊瑚，後來「鐵網珊瑚」就成為蒐集珍奇物品的代名詞。明代朱存理記載他看到的法書名畫，就用「鐵網珊瑚」作書名，成為後世收藏家的指南。到了清代嘉慶、道光年間，海寧的監生胡爾榮，據說擁有十萬卷書，樂於鑑賞和收藏古人字畫和金石鐘鼎等文物，並且將他所見和所藏的珍貴書畫文物，寫成一部札記——《破鐵網》。既然採集珊瑚要用鐵網，鐵網已破，也就無法再採。可見他是多麼神往書中記載的古籍、碑帖、書畫等名品，但是面對叢叢珍奇動人的珊瑚，自己只有破網一張，眼看它們姍姍而來，卻不能全部撈獲，只好留下幾行文字，聊表惋惜之意，平添後人幾許聲氣相投之情。

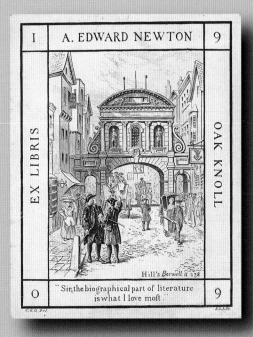

筆者夢寐以求的美國藏書家紐頓的藏書票。

二十年前，我剛開始蒐集藏書票時，只像在夜市地攤上撈魚一樣，用紙糊的小勺，撈撈幾條小魚而已。後來隨著加入國外的藏書票協會，並且與大陸地區藏書票名家李樺、梁棟與楊可揚等人往來，眼界才逐漸開闊，紙糊的小勺早已不敷使用。特別是數年前為了撰寫《我的藏書票之旅》，撒下鐵網，廣泛的蒐集藝術家設計，或者名人使用的藏書票，致使原本就不牢固的鐵網，逐漸無力負荷了。

佩皮斯媲美宋版書

北京中國書店2003年秋季書刊資料拍賣會上，編號215：《鏡幽》殘頁，宋刊本，七頁，麻紙，蝴蝶裝，預估8,000至10,000人民幣，結果以7,000元成交，平均一頁1,000元。雖然遠低於市價，但是與我最近在網路上看到的兩款兩枚尺寸相同的佩皮斯紋章藏書票，標價5,000餘美元，平均一款超過2,500美元，可說是有一段滿大的差距。

撒母爾・佩皮斯（Samuel Pepys, 1633-1703）是英國皇家海軍的創建者、藏書家，他的日記逐日記載生活瑣事，坦露自己的缺點，英國文學中很少有作品可與之相提並論。像他這麼一位文武

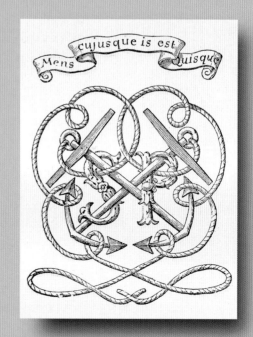

兩款媲美宋版書的佩皮斯紋章藏書票。

全才的文學家，自然成為我首要蒐集的對象。就以年代而論，他的出生時代相當於明末清初，與北宋相差五百多年。可惜的是，數年前我收到美國波士頓一家舊書店寄來的目錄時，才標價250美元而已，如今在網路上已經大漲十倍，而且要兩款一起買，比起北宋版一頁市價12,000-15,000人民幣還貴；可見佩皮斯的紋章藏書票足以媲美宋版書了。

年代久遠的不說，就以1999年海明威百年誕辰時，我在網路上搜索到他自用貼在自己早期的作品《春潮》上，藏書票連書標價2,500元。那款海明威自用的藏書票當然早就成為收藏家的珍藏，而目前的我，也只能效法胡爾榮的《破鐵網》，趕緊把網路上佩皮斯紋章藏書票的資料記錄下來，至少我還可以從英國的《藏書票月刊》找到它的蹤跡。

百計尋「票」志亦迂

明代錢穀父子愛書成癖，只要得到罕見的圖書，即使寒冬也日夜抄錄。他有一款藏書章：「百計尋書志亦迂，愛護不異隋侯珠。有假不返遭神誅，子孫不寶真其愚。」錢氏父子愛書的精神，雖然值得我們學習，但是其子錢允治去世後，沒有子嗣，所以藏書後來都散落。又因為他們

生前不願意借書給別人，而使得那款藏書章成為後人的警惕，不過他們父子蒐書的精神，還是值得我們敬佩。

在我蒐集藏書票的過程中，美國藏書家紐頓（A. Edward Newton）那款選自傳記文學作家鮑斯韋爾（James Boswell）的名言：「先生，我最愛的是文學的傳記部分。」作成的藏書票，從我上個世紀九〇年代加入美國藏書票收藏與設計家協會之後，就立志蒐集，結果前後費時了七年多，足以印證錢穀的「百般尋書志亦迂」的精神。

那時在網路購買藏書票，還沒有像現在這麼方便，只能靠舊書店寄來的目錄。可笑的是，我在同一家舊書店的目錄看過兩回，每次看到後就立即傳真訂購，但是都被別人捷足先登。後來為了蒐集關於書的書，而得到橡樹丘舊書店（Oak Knoll Books）的目錄，那時目錄的封面上的圖案，即採用了那款藏書票的主要部分，畫面上是倫敦艦隊街和街上的旅館，背景是舊倫敦市西區與威斯敏斯特自治城市的分界線坦普爾巴（Temple Bar），約翰生和哥爾斯密站在一起，後者指著招牌，淘氣地說：「也許有一天我們的名字會同這些混在一起。」並且得知紐頓《集書的樂趣》（*The Amenities of Book-collecting and Kindred Affections*）的封面，就印有那款藏書票，所以花了50美元買到初版本，結果還是缺封面。甚至友人到美國採訪橡樹丘舊書店時，也都沒買到。最後還是在那家舊書店目錄出現第三回時，終於被我買到，而且只花了25美元。

電子商務無遠弗屆

由於有了多年蒐集藏書票的經驗，所以後來電子商務興起之後，甚至上eBay搶標。從上個世紀末年開始，我只要在幾家網路舊書店的入口網站（我經常上的是www.abebooks.com），鍵入 ex libris, exlibris, bookplate, bookplates都可以搜羅到上千條書目。我前前後後花了一年多的時間瀏覽，並且先從過去幾家已經買過的舊書店著手，還是曾經上過兩回當，所以經驗不足的人，最好不要輕易嘗試。

最得意的一次是，買到表現主義的先驅柯克施卡（Oskar Kokoschka）1930年為溫勒（Wingler）設計的藏書票，票面上除了原有的簽名外，還有他於1962年送給友人的簽名。那時在網路上訂購前，先進入那家舊書店的網站瀏覽，得知店主除了經營舊書店以外，他還擁有葡萄酒酒莊和飯店之後，才敢冒連航空郵資640美元的險。

只是透過電子商務，最後按「訂購」那個按鈕時，有如闖入虛擬的空間一樣，心底還是有點不踏實，缺乏到舊書店尋寶的樂趣了。 ■

本文作者為藏書票專家

藏書印記

在收藏品上壓蓋標誌著個人印象的印章圖樣，
無非也是佔有欲的一種外化形式。

文—葉原宏

圖6

中國的字畫除了有留白的特色之外，另一個與此特色背道而馳的特點，毫無疑問的就是歷代收藏家們在這些收藏品上留下的漫天印記了。而那些歷經了戰火、天災、禁毀等等劫難而僥倖殘存下來的歷代善本書籍，雖然最後落到了格外愛書的藏書家手上，但最終還是逃不過這樣的一種「禮遇」，從而為自己的面貌增添了許多風格迥異的印記。或者，這也算是一種生存的代價吧！

圖4

而在收藏品上壓蓋標誌著個人印象的印章圖樣，無非也是佔有欲的一種外化形式。也或許正是因為這樣的作為多少為藏書家們彌補了一些心靈上的缺憾，從而使其完成那或許不能天長地久但至少也要曾經擁有的情感記憶，因而使得歷代的藏書家們樂此不疲吧。藏書家的藏書印鑑，就字數而言，有最簡單的一字印如汲古閣毛晉「毛、甲」（圖1）二印以及靜惕堂曹溶的「曹」印，也有繁複如澹生堂祁承爜的四十五字「曠翁銘」印（圖2）。就印鑑數而言，則有如千頃堂的簡潔二印，又有如海源閣楊以增的九十二印。就圖樣而言，有知不足齋鮑廷博的「世守陳編之家」的龍鳳圖紋印，也有池北書庫王士禛的「濟南」以及天籟閣項元汴的「退密」（圖3）的葫蘆圖紋印，而最奇特的莫過於妙賞樓高濂的藏書必用印「五岳貞形」（圖4）的道符圖紋印。

若就內容言，更是繽紛多彩。有用來誇示自己豐富藏書量的如丁丙、丁申兄弟的「八千卷樓」以及陸心源的「十萬卷樓」。有用來誇示自己珍藏質量的如黃丕烈的「百宋一廛」以及袁克文的「佰宋書藏」。有界定書籍價值的如毛晉的「甲、宋本、希世之珍」以及愛日精廬張金吾的「元本、祕冊」。有用來乞求書籍獲得祐護的如毛晉的「在在處處有神物護持」以及高濂的「五岳貞形」，後者更是利用葛洪在《抱朴子》書中提到的道符來以「禦不祥」。也有對子孫的期許與家訓的如傳是樓徐乾學的「黃金滿籯不如一經」以及毛晉的「毛氏圖書子孫永保之」，而其

圖5

圖1　　　　　　　圖3

中的「曠翁銘」印則更是連同自己的收書經歷也一起入了印。

　　而其中自誇性質濃厚的，又可歸爲一大類。有表彰功績的如鮑廷博的「御賜清愛堂」以及丁氏的「書庫抱殘生」。有陳述家世出身的如毛晉的「叔鄭後裔」、楊以增的「楊氏伯子」以及袁克文的「上第二子」。有彰顯職業的如王士禎的「御史大夫」以及天一閣范欽的「司馬之章」。有表明經歷或文憑的如豐坊的「發解出身」以及平津館孫星衍的「丁未對策上第」，其中最誇張的莫過於海源閣楊紹和的「道光秀才咸豐舉人同治進士」（圖5）的學歷證明。有表示下過功夫的如曹溶的「曹溶鑑藏」、曝書亭朱彝尊的「彝尊讀過」、黃丕烈的「蕘圃過眼」以及楊以增的「益之手校」，而其中最誇張的又莫過於高濂的「高氏鑑定宋刻版書」。

　　而藏書印鑑中的極端型態，則又莫過於將自己的肖像直接入印的，如向山閣陳鱣的「仲魚圖象」、陸心源的「存齋四十五歲小像」以及袁克文的「皕宋書藏主人廿九歲小景」（圖6）。而其中身爲袁世凱二子的袁克文正是爲了與陸心源並駕齊驅，所以除了將自己的藏書樓仿皕宋樓而稱爲皕宋書藏之外，也效法陸心源將自己的肖像入了印。而印鑑中最特殊者則莫過於不知究是自誇還是自貶的佞宋主人的「書魔」一印（圖7）。

圖7

　　雖然在古籍上漫天蓋印的作爲，曾被清朝姜紹書譏諷爲好似爲了怕麗人被搶走而在其臉上猛烙印記的癡狂行徑；但從另一方面來說，這樣的癡狂結果不也正可讓後人從中得窺書籍的流傳經歷以及藏書家的心態、性格與風骨嗎！看來這看似瘋狂的作爲，倒也並非是一無是處的呢！　　　　　■

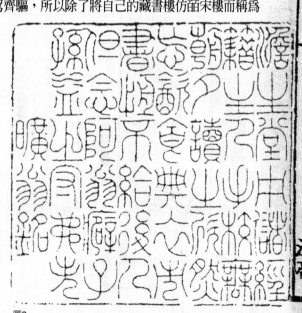

圖2

「書痴症」併發時要閱讀
的50本書
3本和其他47本書

與書的迷戀有關的網站推薦詳細介紹與內容，請上網查閱，網址為
http://www.netandbooks.com/taipei/magazine/no10_books/web.html

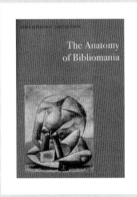

《*The Anatomy of Bibliomania*》 Holbrook Jackson／著（Illinois）

對書的迷戀，跟對一個人的迷戀相同。有些是初次見面即已目眩神迷說不出愛的道理，有些可以理性地列出一二三四項的原因，有些是驚鴻一瞥稍有差池轉瞬即逝，尋尋覓覓再次遇上時已恍如隔萬重山……作者霍布魯克‧傑克森（Holbrook Jackson）表示記憶所及，他未嘗一刻「無書」（Bookless）的滋味，因為他是來自一個愛書的部落。語氣跟一個含著銀勺子長大的富家子弟極像，目的不是在炫耀，而是在告訴別人，愛書是他與生俱來的本性。

書痴愛書有很多理由，對待書的態度就更是層出不窮；從只可遠觀不可褻玩（有如把聖杯捧在手上），到嗜書成癖（人形蠹魚──愛書的極致？）──人／書的關係可以複雜至此。這本頁數多達668頁、共32個章節的「大」書，鉅細無遺地，一如書名那樣，對書痴作出全面性、裡裡外外的「解剖」。首先從本質出發對「書」下定義，然後是書的外在形態、閱讀的快樂、方法和節奏、閱讀的不同地點和時間、書的用途、裝幀、嗜書者（Book eater）、偷書者及防止偷書的方法、書的五覺品味、書籍狩獵場、圖書館、書的保護甚至連蠹魚的歷史和品種都一一囊括。不能遺留的是本書的主角──書痴的種類、形成、病徵和治療，以及其變種──書的敵人或滅書者，還有書的不幸「遭遇」等。

此書的特色，就是羅列大量文學資料作為闡釋，做到了延伸閱讀的效果，也令讀者驚嘆於傑克森閱書的壯闊廣博。連同作者其他兩本著作《*The Reading of Books*》和《*The Fear of Books*》，可稱為「一門三傑」，成為書痴們必讀必藏的狩獵對象。

這本猶如醫學教科書的書，作者寫作的目的不是在於遊說讀者循著死硬派路線來閱讀和藏書，他語重深長地說：不要為了利益、不要為了博取掌聲；收藏你所喜歡的，就止於此。（冼懿穎）

《中國近代藏書文化》 李雪梅／著（現代）

本書所要探討的近代藏書文化，其時間跨度是自1840年鴉片戰爭起至1949年中華人民共和國成立為止的一百年。書中將藏書現象區分為公藏與私藏兩種，研究重點擺在傳統的私藏習慣如何演變為公藏的原因與表象，以及這些現象與近代社會文化的相互影響和作用之上。誠如作者所說：「（本書）既非單純的圖書館史，也非單純的藏書史，而是在藏書文化的總題下對公私藏書相互的關係進行探討，並兼顧公私藏書的雙重發展與嬗變。」

作者認為影響近代公共藏書成為主流的關鍵因素在於維新人士的變法提倡，而隨著西方民主思想以及西方書籍的傳入，也使得藏書的內容更加豐富而外延也更形擴大。同時西方圖書的大量傳入自然也對圖書館的分類與藏書的對象產生了深遠的影響。而在鴉片戰爭之後，儒學的經世濟民作用遭到質疑，西學的傳入，以及科舉制度的廢除，也都對藏書文化產生了影響。使原先的藏書重心從四部分類中的「經、集」轉移到了「子、史」之上。

在細部分類上，對於古代的藏書，作者將之區分為「皇家藏書、私人藏書與書院藏書」三大體系，並分別對其特點加以介紹。接著分析這些藏書活動衰落以致消亡的原因，以及探討近代藏書往公藏的方向發展的背景與緣由。此後則是近代藏書風尚的討論，內容包括善本書收藏概貌、嗜宋風尚分析、近代刻書概貌與特點簡介等等，書末並有近代書肆概況以及書籍厄運與典籍外流的介紹。不管對於搜尋、判別、購買與蒐藏書籍，相信都仍具有一定的指導作用與參考價值。（墨壘）

《古代版本常談》 毛春翔／著　（上海古籍）

本書一向是研讀版本學以及嗜古書如痴者的必備案頭書。那麼它的魅力何在？本書一開始便就何謂版本進行闡述，作者並表明所謂的版本已經不是古代的版本概念，而是指版本學此一學問而言。接著探討何謂善本，認為善本的意義畢竟還是就其校勘品質等內容來進行界定的，因此宋版書不一定都是所謂的善本，而元明以來的書籍也不一定都不是善本，但就比例而言，宋版書是善本的比例還是遠高於其他朝代刊印的書籍則是沒有疑義的。作者並探討了「為何要研究版本」以及「我國雕版印刷始於何時」的問題，並分章對「唐、五代刻本」以迄「清代精刊本」及「巾箱本，活字本，套印本」等等進行介紹，最後則是關於如何鑒別版本的知識傳授。因此諸如目前流行的某朝代的版本大部分出於何地何人何時之手，以及什麼地域的出版品使用什麼樣的紙質、墨色、字體及有什麼特徵等知識，書中多有介紹。但是本書也有不足之處，如作者顯然將雕版印刷的起始年代估計得過晚。儘管其駁斥其他學者以改字的方式創造雕版起始歷史的評論針針見血，但以唐朝政府用抄書的方式保存經史子集來推論唐玄宗時尚未有雕版印刷，則不能讓人信服，因為明朝正本外的二部《永樂大典》及清朝正本外的六部《四庫全書》又何嘗不是抄寫而成，因此此論不能成立。況且一個新技術由出現到成熟到被廣泛使用必然有一不短的適應時間，政府最終採用又要經過嚴格考量，因此如果不是需要重複且大量的印製書籍，又何故要放棄有專職的抄寫官員而選擇雕版印刷呢！作者最後也說：「但論事務原始，出於推論，終嫌不宜。」以此而言，作者以推論方式反駁原始，不也終嫌不宜！這是閱讀本書時所要格外留意之處。但終歸而言，小疵不掩大瑜，本書仍然具有很大的參考價值。而書末的附錄更是在鑒別版本時非常有用的工具。（墨壘）

《書城瑣記》駱兆平／著（上海古籍）

本書為作者於中國藏書文化典型意義地區——浙東一帶的諸城，所做的藏書文化研究。百餘位藏書家、已成重點文物保存的藏書樓，其歷史源流、藏書特色及社會影響，便是作者於書城尋幽探訪的焦點。

從浙波的藏書與刻書概況談起，探索近代書、樓與人的時代風貌。歷史最久的范氏天一閣、「楹書之富甲越中」的黃氏五桂樓等藏書樓，不僅為歷史文獻寶庫的意義，其建築格局、藏書管理也獨樹一幟。從黃宗羲、全祖望等兼具知名學者與藏書家身分觀察，反映藏書對於學術研究之關係。本書考證詳細，引述資料豐富，對於藏書文化的時間與版本等問題，皆可見作者核實之用心。（葉亞薇）

《中國藏書樓》（壹、貳、參集）任繼愈／主編（遼寧人民）

藏書之事，古已有之，於今為烈。古代書籍印量少，得來不易。藏而成家，往往專闢一室來收藏古籍善本，於是而有「藏書樓」的出現。藏書樓有公有私，有大有小，有以宋版書傲人的如黃丕烈「百宋一廛」，有因收藏方志而出名的如范欽「天一閣」；更有國家動員興建的皇宮善本書庫「昭仁殿」。其神秘色彩，一如少林寺的「藏經閣」，引人浮想連翩。藏書樓性質接近圖書館，而甚於圖書館。每一間背後都有一段傳奇故事。本書從藏書源流、公私藏書、目錄學一直談到個別的這間、那間藏書樓及其主人，大如想瞭解中國藏書歷史，小而想為自己書齋取個好名號，翻翻讀讀這書，肯定有收穫！（思寬）

《藏書紀事詩》葉昌熾／著　王鍔、伏亞鵬／點校（北京燕山）

這是第一部以紀事詩體為古代藏書家立傳的作品，作者葉昌熾即為清朝著名的收藏家，其中的自抄本，必是罕見難得之本。此外他亦精通目錄學、版本學和校勘學，曾經協助他人編輯、校正《滂喜齋藏書記》、《鐵琴銅劍樓藏書目錄》等等。

因感於歷代藏書家苦心孤詣，保存了一代文獻的貢獻，卻又多為世人不察甚或遺忘，因此，葉昌熾從正史、方志、官司簿錄、古今文集、墓誌銘、書目題跋等等紀錄，蒐集其中藏書家的故事，然後寫成七言絕句一首，並附文詳注其生平介紹、藏書特色、藏書印、藏書目錄或代表作，可說是研究中國藏書家與藏書史的第一本著作。（莊琬華）

《清代藏書樓發展史・續補藏書紀事詩傳》
譚卓垣、倫明、徐紹棨、王謇／著　徐雁、譚華軍／整理（遼寧人民）

本書實由兩本書匯集而成。《清代藏書樓發展史》於1935年由商務印書館出版英文本，中譯本則遲至八○年代才問世。作者譚卓垣曾獲芝加哥大學哲學博士與哥倫比亞大學圖書館學士等學位，1924年他返回嶺南大學擔任圖書館長。這部作品雖然篇幅不長，但是對於清代藏書史的論述卻深刻而簡要，尤其他受過西方圖書館學的訓練，在參考資料時對西方書籍亦多所涉獵，對於中國藏書樓未能進一步發展成公共文化機構等問題也提出他的看法，若要在短時間內瞭解清朝藏書史的梗概，本書是值得參考之作。至於《續補藏書紀事詩傳》則是從倫明《辛亥以來藏書紀事詩》、徐紹棨《廣東藏書紀事詩》與王謇《續補藏書紀事詩》匯集而成，並增輯了部分藏書紀事詩與紀事傳的內容。（徐淑卿）

《中華名人書齋大觀》杜嚴明、朱業夫／主編（漢語大辭典）

書中概要介紹從漢朝到當代，近千位讀書名家的書齋軼事及主人的著述。從書齋名字便可看出主人個性。袁枚書齋名為「所好軒」，乃因其生平喜味好色好游好友，好古玩字畫，尤好書籍；而歐陽修書房名為「非非堂」，則典出《荀子》：「是是、非非謂之知，非是、是非謂之愚。」魯迅的「且介亭」則是戲謔地將「租界」兩字去邊，以回敬好事者說他住在租界附近以便逃跑方便。

不過大多書齋仍以「潛研」、「萬卷」、「昭文」、「有竹」為名，可見中國文人讀書，以修身養性為首要之務。（葉亭君）

《書藏・書奇・書話》漢熙／編寫（四川人民）

從「書藏」開始，作者首先詳述書的歷史，紙的使用、皇家的收藏、圖書館的出現、修道院抄本、古騰堡印刷術的影響，以及天災人禍對書的威脅，直到近代數位圖書、網路的興起，書存在數千年的歷史中不曾消失，反而衍生出許許多多傳奇與探究。

「書奇」談的就是一些書的故事，例如，石碑揭示的馬雅文化、剽竊與被剽竊的書、道家思想在西方如何流行、納粹戰犯的回憶錄等，並談及奇書在「書市」中的世俗價值與交易。「書話」則是漫談書的種種趣味紀錄，諸如英語文學世界百大排行的選擇、寫過百部以上作品的人、偷書狂等等。書的世界，當真是無奇不有。（莊琬華）

《書香故宮》 向斯／著（實學社）

故宮是個大寶庫，就連書迷都知道。當年清朝入主中原，不但全盤接收明朝的皇家圖書館，也等於是繼承了中國歷代皇宮藏書，學習力強的乾隆，更為了他的四庫全書，特意模仿浙江范氏天一閣，而在文華殿後建了個文淵閣。作者二十多年來在萬丈紅塵中，獨坐萬籟俱寂的紫禁城，從事宮廷善本整理的工作，這份羨煞書迷的工作，更在2000年進行為期兩年的全面清點整理工作，因此我們有福得以窺見宮廷藏書被盜運、珍寶因戰事而輾轉流亡各地、各種善本版本的不同、皇家圖書館和各種不同名稱的圖書經冊，究竟是怎麼回事。

誠如作者所言，藏書是一生中最宏偉的事業，泅泳書海，「要知曠然宇宙，自有大觀」，我們別無所求。（沈心怡）

《明清著名藏書家・藏書印》 林申清／編著（北京圖書館）

本書的內容主要由二大部分組成，一為藏書家的事蹟以及其藏書樓的大略介紹，一為相關的藏書印鑑賞式鑑賞。從明朝開啟私家藏書風氣的青蘿山房主人宋濂說起，尚有范欽的天一閣、茅坤的白華樓以及絳雲樓、平津館、皕宋樓等等著名藏書樓的要言不繁約地簡介。書中所介紹的藏書家，不僅其藏書目的與方式有別，而其中風格迴異的藏書印鑑亦反映了其主人不同的心態與性格特點。而藉由將本書提供的各藏書家的藏書經歷、藏書樓名以及其印鑑刻辭進行相互參照，得以使人迅速而簡便地掌握住藏書家的精神風貌，而這同時也是本書的特點所在。（墨壘）

《中國版本文化叢書：新文學版本》 姜德明／著（江蘇古籍）

在這套主要談中國古籍版本的叢書裡，《新文學版本》很特別。原因在於，新文學版本的界定大約在1917−49年，正逢中國現代史的劇變時代，也是鉛印出版物大量取代雕版線裝書的年代，書籍從內容到裝幀形式風格丕變，另成一片新天地，自然意義不凡。本書作者為著名的新文學版本藏書家姜德明。他在「上編」概談新文學版本的誕生、裝幀、用紙及價值；「下編」則切入談他所珍藏的書，從書的裝幀美學，到感性的閱讀隨想，偶爾聊及作家遭遇或下落，筆觸雲淡風輕，加上珍貴書影113幀，全書流露著一個時代特殊的優雅氣味。藏書的氣味原來如此。（劉詢）

《Biblioholism: The Literary Addiction》 Tom Raabe／著（Fulcrum Publishing）

你曾踏著輕鬆的腳步，抱著打發時間的態度走進一間書店，然而卻一不小心待了好幾個鐘頭不打緊，走出店門口時，手頭上卻抱滿了數十本結帳的書本，心裡還惦記著還有三本沒買！早知道多帶些錢。當你面對書店平台成千上萬的書種時，你那股埋在心中小小的慾望，卻早已悄悄的隨著你的血液流竄全身，它如同女人的購買慾，令人在購書時有著無比的興奮感。在同時間，一個來自內心深處的聲音，不斷地告訴你，你的藏書似乎還缺少了一部分未買齊，即使你家已經真的沒地方放書了。不用懷疑，恭喜你，已經成為一位不折不扣的「書痴」。

「如果說無窮的慾望是無法用痛苦去並論；那麼相較於對書的癡迷，或許只能用無助去形容」，這就是書痴的最佳寫照，不要不相信，讀完此書，或許你會重新認識自己或身邊愛書的人，進而掉入萬丈書海而不可自拔。（鍾亨利）

《The Fear of Books》 Holbrook Jackson／著（University of Illinois Press）

不僅當前被資訊爆炸所苦的人對「書」畏懼，歷史上的大哲學家、思想家其實也不怎麼愛書，有些統治者甚至對書恨之入骨。被公認為本世紀最重要書蟲的英國學者兼作家Holbrook Jackson在這本充滿趣味的小書中指出，無知與恐懼永遠是書的敵人。打從柏拉圖以降，人類與書之間的愛恨情仇從來沒有間斷，統治者經常被書所挑戰，而書也往往因此而被打壓與摧毀。書中特別有趣的一章，是關於「女性對書之恐懼」，對照愛書人、編書人多是女性的今天，傑克森筆下歷史上的女性卻是一度對書充滿忌妒與怨恨的。閱讀本身就是一種探險，人類對書的畏懼可能不會停止（例如英國今天仍然有人主張應該焚毀以妖言迷惑孩子的《哈利波特》），這本書或許能讓我們在閱讀中理解與忘卻恐懼。（沈雲驄）

《藏書考》（Libraries in the Ancient World）萊諾・卡森（Lionel Casson）／著 張毓菲／譯（新新聞）

本書探討西方古代世界圖書館的興起與沿革，從西元前三千年近東地區首度出現圖書館，直到西元第四、五世紀早期拜占庭時期為止。

作者在還原古代圖書館的樣貌時，得力於考古學的研究成果甚多，許多挖掘發現的圖書館遺跡可以幫助揣想當年的規劃，而出土的銘刻文也可以提供不少細節。除了圖書館的演變，本書對於「書籍」的歷史也作了許多討論，包括紙張的變化、從卷軸到手抄本的過渡以及書籍流通的方式等。另外也涉及不同時代不同地區圖書館的典藏內容，也各有其輕重。對於書籍的歷史有興趣的讀者，本書是相當好看的入門書。（徐淑卿）

藏書工具

《*The Story of Libraries*》 Fred Lerner／著（The Continuum Publishing Company）

作為歷史資料來研讀，本書更適合以文化社會學的角度來看。作為一本圖書館簡史，本書並不討論世界各重要圖書館，或圖書館科學上的逐次發展。圖書館歷史伴隨著書寫之初即存在，到現代甚至網路未來，作者所著眼討論的，是圖書館在不同社會文化中所扮演的角色。中古世紀、伊斯蘭世界、東方世界，到今日屬於公眾文化的一部分，不同的文明下，圖書館所具有的功能也不同。

本書副標題為「From the Invention of Writing to the Computer Age」，出版於1998年的本書，對搜尋引擎被如此頻繁使用的今日，也提出了圖書館轉型的精要預測。　（葉亭君）

《*A B C For Book Collectors*》 John Carter／著　（Oak Knoll Press）

做一門學問，需要好的參考書籍；同樣的想要成為一位藏書家，豐富的參考資料也是不可或缺的。在西方出版世界，古書交易一直是熱絡且綿延不斷。一本足以回答所有書籍收藏家問題的經典指南。自1952年第一次出版迄今已經改到第七版，書中450條的資訊照著字母順序排列，方便於讀者的查詢。想知道如何保養這些利用來自巴基斯坦、摩洛哥或俄羅斯的皮革裝幀的古典精裝書，又如何分辨出上好的牛皮紙或一眼判定出最有價值的收藏版本，在本書中都有完善的答案。

應該沒有人再把它當作一本工具書去查閱，相反它是一本每頁都無法不讀的工具書。（鍾亨利）

《*Used and Rare: Travels in the Book World*》 Lawrence and Nancy Goldstone／著（St. Martin's Griffin）

一份禮物卻帶來無比的驚喜之旅，這對於一般讀者，或許無法體驗箇中樂趣。但是藉由一本舊版的《戰爭與和平》帶來的喜悅，對於一對愛書的Couple，這就是自天上掉下來的禮物吧！

話說從Nancy決定購買一本舊書開始，一連串的知識就如排山倒海而來。第一版的重要、何種語言的版本、封面上的灰塵都可成為舊書加值的因素。從西岸到東岸，隨著作者的腳步，時而緊張，時而興奮，字裡行間，表現出「書痴」購書時的天人交戰，這可是身為此道中人才能有的深刻了解。（鍾亨利）

《*Among the Gently Mad*》 Nicholas A. Basbanes／著（Owl Books）

書名是《*Among the Gently Mad*》，為什麼不是「Among the bibliomania」呢？因為書痴大概已經是藏書界的殿堂級人馬，毋須這本教（有一點瘋的）愛人如何找書的指導本。單看封面設計，會以為是一本小說，其實是作者Nicholas Basbanes綜合他在藏書界「打滾」多年所接觸的人和事，有條理地以講故事的形式，帶出「書痴的養成法」。除了傳統的策略，如與書商打交道、認識書的價值、好奇心的重要性……等等之外，還談到利用網路來找書，如關鍵詞的使用、古書拍賣網站的推薦和使用心得等等。其實認識找書的策略還是其次，要成為一個藏書家，還得養成某些觀點和態度，請看本書第135頁倒數第三句：「在自然界，早起的鳥可以捉到最多蟲兒；在藏書界，大獎落在看到那條軟巴巴的東西，而知道它是蟲兒的人。」這才是重點所在。（冼懿穎）

《中國版本文化叢書：宋本》 張麗娟、程有慶／著（江蘇古籍）

為什麼明清兩代的藏書家如此珍視宋版書，並以擁有的宋版書數量來彼此誇耀。百宋一廛黃丕烈為何對「佞宋主人」的稱號甘之如飴？陸心源為何為了與黃丕烈的宋版書藏量一較高下而將藏書樓取名「皕宋樓」？這一切的答案自然可以從瞭解何謂宋版書來獲得一個真切的解答。本書從宋版書產生的時代背景開始談起，並比較了政府與民間刻書的差異，當然最重要的不外宋版書的外部特徵諸如款式、字體刀法與紙墨裝幀以及內部特徵諸如刊記、刻工與避諱的介紹。並有現存宋版書的考證，讓人得以對宋版書有一個完整的概念。（墨壘）

《蠹魚頭的舊書店地圖》 傅月庵／著（遠流）

這本書雖名為《蠹魚頭的舊書店地圖》，但「地圖」其實只是個引子，書中更多的內容卻是在談書緣。書從「入門二十問」開始，向讀者介紹為何要購買古書、舊書，如何判斷一本書的價值，如何整理、收藏，以及該準備什麼裝備前去書店尋寶等等知識。接著進入舊書的世界，從舊書滄桑歷數台北舊書店街的陳年往事，介紹目前尚存的舊書店的概況。「得之我幸，失之我命，去留隨緣。」則是作者搜尋、蒐藏舊書的中心思想，而書末以〈書魔〉記述著名藏書家黃丕烈的故事作結，則又不難見其自我解嘲與勉勵之意，亦不枉其蠹魚頭自號了。（墨壘）

《逛舊書店淘舊書》 王曉建／編（中國文史哲）

書痴對於書總有「越陳越香」的愛好，尋書之所，能夠滿足「挖寶逸趣」的舊書店自然是最能引人入勝了。本書搜羅多位書痴之於舊書店的愛戀紀事，有「眾裏尋他千百度」的驀然驚喜，有市井小攤的熟絡隨意，更有遠赴重洋、他鄉遇故「書」的巧合相遇。每一則拜訪舊書店的動人故事，都透露作者對書的熱情溫度。

前往舊書店的路徑，不但具私房之樂，還有跨越時空、以書會友的傳承美談。北京的琉璃廠，有清李文藻記錄地緣及書肆概貌，民初周作人也來買書，現代的姜德明則有意循魯迅腳步而來。造訪舊書店，最令書痴迷醉的，應是一份懷舊情感吧。（葉亞薇）

《書架：閱讀的起點》（The Book on the Bookshelf）
亨利‧佩特羅斯基（Henry Petroski）／著 薛絢／譯（藍鯨）

這是一本從書架來了解書的書。我們往往會忽略放書的書架，一如我們總是聚焦於書的內在世界，忘了作為一個載體，書籍有其物質性基礎，它需要空間，需要被安置。

現在一般的以書背朝外、直立排列在書架上的方式，看來理所當然，卻是經過一個漫長的演變過程。因為，從卷軸、手抄書到大量印製書，書的價值與型態在改變，它與讀者接觸的方式在調整，也連帶影響到書架的外在樣貌及書籍陳列法。

所以才會理解，為何有一段時間，書珍貴到要用錬條固定在圖書館的書架上。

了解書架的歷史，也就了解了書的另一面歷史。（藍嘉俊）

《A Brief Illustrated History of the Bookshelf》 Marshall Brooks／著（Birch Brook Press）

這是一本圖文兼美、印刷精緻的小書。一圖一短文，全以版畫刻製、手工打字。書中簡述了關於書架的歷史掌故，並點綴以令人驚喜的趣聞軼事（拿破崙看完一本書會將它擲出窗外？魔術大師胡迪尼〔Houdini〕打造了一個魔術書架來收藏他的魔術書籍！）。

本書既是一本書架小史，亦是一則又一則的書人之愛。作者寫作本書的動機與心境，正如書末談到紐約公眾圖書館所引述作結的：「……過去封鎖在書裡，並保存在這與眾不同之建築的書架中。但他必須工作。他必須在文字中封鎖他自己的過去，使它來日或將被保存在圖書館的書架上。」（葉亭君）

《Living With Books》 Alan Powers／著（Mitchell Beazley）

生活需要一種Style，閱讀也要一種Style，二者結合在一起，就是所謂的「品味」。

在西方社會，長久以來，「書」一直是家中必有的一種元素，與書一起生活就像是生命中不可或缺的養分。「書」本身儼然已成為一種藝術品，它的必要性與其他家具一樣重要。在客廳，在臥室，在廚房，在浴室。

書不但只是裝飾的一部分，透過它，可以清楚的了解到這個空間主人的性格。如果只是以為簡單的把書放在架上，那就已經失去了內涵。對於現代人而言，書除了閱讀裡面的內容外，它更是扮演主人特徵的一種要角。

如何與書生活在一起，利用小小的心思，卻可看到主人的用心。玄關上的一角，樓梯間的空格，是否成 下次觀察主人最好的地方？這本《Living With Books》應該會提供最佳的指南。（鍾亨利）

《西諦書話》 鄭振鐸／著（三聯）

鄭振鐸是中國近代著名的藏書家，在對日戰爭期間，為了避免珍貴圖籍流落散失，他曾組織「文獻保存同志會」，為政府搶救不少善本。本書收錄了鄭振鐸多篇序文、藏書題跋、日記以及〈訪箋雜記〉等文，但私意以為讀來最感人肺腑者，當為數篇和尋書、失書有關的文章，比如〈失書記〉、〈跋脈望館鈔校本古今雜劇〉、〈蟄居散記〉、〈求書日錄〉等，作者訪得一書的欣喜，擔心書籍流落異邦或毀於戰火的焦急，莫不躍然紙上，加以作者筆鋒常帶感情，每每令讀者感同身受，讀書人對書的深刻情感，在本書中展現無遺。（徐淑卿）

《書之愛》（The Philobiblon）理查德‧德‧伯利（Richard de Bury）／著 蕭瑗／譯（遼寧教育）

作者於1281年出生於英格蘭貴族家庭，他從小受到良好的家庭教育，並進入當時成立未久的牛津大學就學，日後成為愛德華王子的導師，1933年被教皇授予聖職，擔任達雷姆的大主教。他不但是當時重要的學問家，也是重要的藏書家，據說他個人藏書超過當時全英國其他主教私人藏書的總和。從這本書裡，不但可以感受到他對書籍無比的熱情，而且從他頻頻提到亞里斯多德、阿基米德等，也可以知道他對知識的興趣，並不僅限於宗教。有趣的是，作者生活的年代正好和《玫瑰的名字》故事發生時間幾乎同時，兩書若互相對照，應該是很有趣的閱讀經驗。（徐淑卿）

藏書之樂

《藏書之樂》（*Amenities of book-collecting and kindred affections*）（書名未定）A．愛德華．紐頓（A. Edward Newton）／著 陳建銘／譯（麥田即將出版）

本書是從紐頓五本同類著作中選譯十九篇文章而成的合集。這五本書分別為《藏書之樂，及其相關逸趣》、《洋相百出話藏書，兼談藏書家的其他消遣》、《最偉大的書，與其他零篇》、《蒐書之道》以及《蝴蝶頁一文藝隨筆集》。之所以在出版社尚未出書之前推薦此書，原因有二：一、台灣關於西洋藏書家的故事或書話，本來數量就偏少，更何況紐頓的作品是此中名著。其次，讀者自此有了其他選擇，而不必屈就之前三聯的譯本了。閱讀本書有兩種樂趣，一方面當然是關於藏書的種種逸事趣聞掌故，另一面則是譯者傳達原作的那種紳士派頭的亦莊亦諧的文體。（徐淑卿）

《書之趣》彭國梁／主編（珠海）

書話是人生片段的縮影。當愛書之人回憶他尋書、買書、借書、藏書甚至偷書、毀書、賣書的經歷時，其實是和讀者分享他生命中最為核心的一部分。本書收錄百篇書話，作者遍及兩岸作家學者如魯迅、蔡元培、朱自清、阿英、老舍、朱湘、戴望舒、葉靈鳳、吳魯芹、高陽、琦君等，以及西方名家如喬治·吉辛、毛姆、查爾斯·蘭姆。雖然嚴格說來，仍有遺珠之憾，但是從本書中可以看到這些作者和書的種種因緣，以及各地的書店風景，不僅在文字上有著閱讀的樂趣，同時也可知曉不少關於書的掌故和見聞。（徐淑卿）

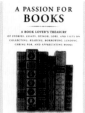

《*A Passion for Books: A book lover's Treasury*》Harold Rabinowitz & Rob Kaplan／編（Times Book）

一本收錄所有愛書人的故事、散文等，不論是搜書過程、瀏覽方式、閱讀心得或者借書方法，這所有一切就只是為了擁有「書」。符合書名，凡只要對書有熱情，讀了名家的說法，就能讓自己更有嗜書的權利，讓瘋狂只是入門的開始；對於尚未陷入書海泥沼的「不幸者」它可是入門的寶典，從評鑑私人圖書館的藏書，到搜求一本古書。試想著開始挑選、中間拿著及最後擁有，足以滿足每個讀者的好奇與需求。

或許是一個喜好閱讀的普通讀者；一個對書名如數家珍的書蟲，這本《*A Passion For Books*》帶來的愉悅、興奮都會是一生中最值得閱讀的。（鍾亨利）

《書裡的風景》愷蒂／著（遠流）

「這個古老龐大的城市似乎每一個街角每一棟建築都有一個故事」，這是此書作者在倫敦的深切感懷，狄更斯走過的街頭、王爾德被逮捕的飯店、約翰遜博士與鮑斯威爾見面的小酒館，她探訪腦海中存在的文學地圖，成為筆下一篇篇有情動人的與書的對話。層層疊疊綿綿密密，此書中提到的每一本書的主角，曾經在不同的時間內存在於英倫這個相同的空間，古老的現代的知名的不知名的，他們的生命藉由文字跨越到現代來，卡洛爾和愛莉絲與他的小女孩，格雷安·葛林與《愛情的盡頭》中女主角的真實故事，關於女詩人西爾維亞·普拉斯的爭議等等，那已經說的與未曾說的，都縮短了我們與書、與作者的距離。（莊琬華）

《我的藏書票之愛》吳興文／著（遠流）

藏書票源起於十五世紀，直至十九世紀下半，西方藏書家和文人流行收集的「漂亮的小玩意」。作者是典型書迷，不僅藏書豐富，更是收集藏書票的愛好者。本書以圖文並茂的淡彩編輯，展示一幀幀作者的最愛。每一張方寸不等的書票，都是有個性的藝術品。它可以表達藏書本身的精神，是讀者進入典籍時空的窗口；精緻優雅的美術設計，更展現彼時代的匠心獨具。不論是插畫、木刻、石版，輔以光影、筆觸、色彩，艾略特的情色〈荒原〉、窮奢極欲的〈莎樂美〉，圖像畫面道出無限的言語。

除了欣賞藏書票之美，尚選錄英、美、歐洲等藏書票著作，提供有心人參考。（葉亞薇）

《*Patience and Fortitude*》Nicholas A. Basbanes／著（Perennial）

這本書書名所提到的「耐心」與「果決」，借用自守護在紐約公共圖書館門口兩隻石獅子下的銘文。作者前一本書《溫和的瘋狂》寫的是喜愛書的人，對書的那種痴迷心理，這一本書，則主要描繪西方世界裡許多舊書、骨董書經紀人，以及許多收藏者令人讚嘆、驚異，甚至咋舌的「耐心」與「果決」的行為。由於描寫的人物非常多，可以當作故事書讀；也因為有許多專業的告白，所以也可以當作了解舊書這個行業的入門書來讀。（傅凌）

《*Bibliomanie*》Gustave Flaubert／著（The Rodale Press）

《戀書狂》是福樓拜第一部出版的作品。在他十五歲生日之前，某天瀏覽了報紙上的一則報導，而產生了寫出此故事的靈感。此則新聞敘述一位西班牙僧侶，為了一本僅存的書籍而願意承認自己犯下謀殺之罪，導致最終被處死。

於是，他變成福樓拜筆下的戀書狂賈柯摩（Giacomo），一個將所有錢、家當、情感都奉獻給書籍的怪人。某日他的藏書對手家裡起起火時，他奮不顧身的衝入其中，只為尋找西班牙唯一一本稀有的書籍。這本書籍後來卻成為控告他犯罪的證物，當辯護人拿出另一本抄本替他脫罪，他卻昏了過去，轉醒之後，憤怒地將它撕碎，他不求法官保全自己的性命，只在乎他所擁有的書籍稀有與否。（莊琬華）

《玫瑰的名字》（*Il Nome Della Rosa*）安伯托・艾可（Umberto Eco）／著　謝瑤玲／譯（皇冠）

一個莊嚴壯觀的中世紀修道院，突然發生一連串的謀殺案。罪惡發生的原因是為了一本被視為異端的著作，亞里斯多德的《詩論》續集。

這是一本可以讓讀者各取所需的作品。它可以只是一本好看的推理小說，但它同時也可以讓對中世紀歷史有興趣的讀者，體會當時的歷史時空，參與當時的修道院生活與關於異端的種種討論。至於對於「書籍」的歷史有興趣的人，則可以從對修道院圖書室的描寫中，瞭解當時書籍的製作、裝幀、抄寫等過程。當然更重要的是對於書籍的態度，尤其是一本被視為異端的作品，這是謀殺案之所以發生的原因，但同時也是歷史上禁書、焚書心態的原型。（徐淑卿）

《查令十字路84號》（*84, Charing Cross Road*）海蓮・漢芙（Helene Hanff）／著　陳建銘／譯（時報）

當一家家連鎖書店與購書者之間越來越緊密，也是書店與讀者之間越來越有距離的時候。因此，不難想像，這本小書，一位美國的窮作家兼讀者以及一間英倫的小舊書店人員長達二十年的書信往來，會成為愛書者眼中一則動人的傳奇。

一個古道熱腸的女士，因為對於書的品味與渴求，於是寫信到倫敦一家舊書店，沒想到，藉由書信開始了長逾二十年的友誼，其中不僅僅是尋找書籍的主客關係，更是延長為朋友之間溫暖的關懷與互助。人與書的相遇需要緣分，人與人之間更需要緣分的牽引，而「誠摯」則是最好的觸媒，那屬於古老年代的遺風。（莊琬華）

《*Only In Books: Writers, Readers, Bibliophiles on Their Passion*》J. Kevin Graffagnino／著（Madison House）

不要那麼理性地了解書了吧。在書的世界裡，不是只有讚嘆其價值與影響那一條路可以走的。我們對於書，還有感性的世界。這本書，就搜集了許許多多寫作書、愛讀書的人，他們諸多對書的感性辭語。

所以，不要用什麼多有系統的角度來看這本書。隨便打開這本書，隨便挑一句話，看看這位先生／女士對書所抒發的情感，是否和你一樣。書編得很雜，不過很有趣。（傅凌）

《*A Book of the Book: Some works & projections about the book & writing*》Jerome Rothenberg and Steven Clay／編（Granary Books）

這是另一本和其他某些人溝通你們對書的感情的書。所以英文書名叫作《有關書的書》。但是和前一本書不同的是，這本書從某個角度來說，比較更感性（譬如說其中還有許多文字以外的插圖，或者說，書的開本也大許多）；但是從另一個角度來說，這本書也比較理性得多（譬如說收集的不只是一句句話而是一篇篇文章。）

波赫士怎麼談書？這本書就有。（傅凌）

《中國上古圖書源流》劉國進／著（新華）

一如作者在序言中所稱，這本書的重點，在於研究補充東漢造紙術發明之前，中國圖書事業之發展過程。

因為定位十分明確，所以全書的綱要也很清楚，從甲骨文到青銅器上的書籍、石刻文書、簡牘、帛書等，各個時代各種型態的圖書，作者都以十分詳細的研究，但又不會嚇走一般讀者的文筆，做了很清楚的交代。

書裡面還提供了許多線索，可以當作進一步探尋相關知識的入門。（傅凌）

《中國書文化》屈義華、荀昌榮／主編（湖南大學）

數千年的書史文化固然是中國的驕傲，但面對龐然架構，如何才能掌握親近的要領？試試《中國書文化》吧。本書分上中下三篇。上篇談書的載體型態演變、書籍制度與裝幀。景深涵蓋古今，從三千多年前的甲骨文，到紙及印刷的關鍵發明，再到二十世紀的電子出版物，直是一部清楚明瞭的中國圖書形制進化簡史。中篇分古代和近現代，系統介紹重要的文獻書籍。下篇從古代、近代、現代談書的收藏。全書雖貫串三千年，但結構清楚，條理井然，讀來輕鬆易消化，循本書脈絡走一趟，想要通盤了解中國圖書文化，可以得到初步的滿足。（劉詢）

《中國古代圖書流通史》李瑞良／著（上海人民）

你絕對想不到，出版路業早在周朝就出現了吧！博學的作者以鍥而不捨的精神追尋中國圖書流通的歷史，從文字的發明、書寫工具、書寫材料演進講起，我們看見了書籍歷經秦朝焚書坑儒、春秋孔子興辦私學、編纂古籍，乃至於進入百家爭鳴時代之後，官府藏書、圖書傳播和書籍流通、私人藏書，是如何影響了當時的社會和促進時代的進步。

隨著改朝換代，圖書的領域擴大和紙張的廣泛運用，圖書管理和流通範圍，讓平民百姓也能開始藏書、研究，於是乎，古典目錄學、版本考據、文獻研究、漢文外譯、佛經整理、專業書籍的出現（醫藥科技等），到了明清，我們甚至可以看見出版業的雛形，以及各種藏書於民而出現的各大著名藏書閣，對於書痴而言，看見古人對於書籍的努力與付出，不啻是「他鄉遇故知」。（沈心怡）

《中國古文獻學史簡編》孫欽善／著（高等教育）

什麼是古文獻學？作者解釋說：「簡言之，就是有關古代文獻典籍搜集、整理、研究和利用的學問。」「古文獻學實際上是一種綜合性的邊緣學科，它與古代語言文字學、古籍目錄、版本校勘、辨偽、輯佚學以及古代歷史學（包括通史、文化史、哲學史、思想史等）都有關聯。」本書依傳統認知對時代進行劃分，每章開頭皆有概述，從「政治概況及其對古文獻學的影響」說起，旁及時代風氣與書籍的研究與整理概況，此後則以各代有代表性的人物為主，對其思想、作為與貢獻進行論述。若想要對圍繞古代文獻所引發的諸多現象有一個較完整的瞭解，可以一讀。（墨壘）

《The Gutenberg Revolution》 John Man／著（Headline）

本書從十五世紀宗教、政治等角度，來描繪古騰堡發明活字印刷術前夕的歷史時空，以及之後所造成的深遠影響。作者從一些仍有謎團的線索，試圖釐清和古騰堡相關的一些事蹟，並且解釋了和印刷術相關的用紙、鑄造、油墨等技術。當然古騰堡開始印書之後的故事也是吸引人的，像是為了彌補現金不足的問題，古騰堡當時就遇到現在出版社必須考慮的問題──尋找暢銷書，雖然最後他所有的成果都由合夥人坐收其利。當古騰堡出現之後，世界頓然改觀，就為了這個理由，我們應該知道他，而這本書則是知道他的一個起點。（徐淑卿）

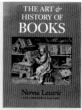

《The Art & History of Books》 Norma Levarie／著(Oak Knoll Press)

這是一本有關西方書籍藝術與歷史的書。從蘇美人寫在泥板上的楔形文字開始，到埃及人使用紙草捲，到希臘、羅馬一路而下到二十世紀，按重要的時代與地區，做出不同的區隔，再把每個區隔對於書寫、插畫、印製的觀念演變，都做了闡述。

我們今天閱讀的書，型態都不是中國過去的傳統書籍，而是深受西方書籍製作觀念所影響的書籍，因此要了解西方的傳統與脈絡，應該讀這本書。（傅凌）

《The Printing Revolution in Early Modern Europe》 Elizabeth L. Eisenstein／著（Cambridge）

近十多年來西方新文化研究中，出版是個重要課題。而本書作者，又是其中一個重要的名字。她原來所寫的書是《印刷代言時代之變動》（The Printing Press as an Agent of Change），二卷本，奠定她在這個領域的權威。而本書則是該書的一個濃縮簡明版。

大家都知道活字印刷出現在西方的影響是巨大的，但本書作者以他人所不及的角度，清楚地描繪了印刷與文藝復興、宗教改革，以及現代科學興起之間的關係。（傅凌）

《*New Book Design*》 Roger F.T.／著（Laurance King Publishing）

對於一個書痴而言，書除了用來閱讀其內容外，應該更是一個無懈可擊的工藝品。 Laurance King Publishing 本身就是一個注重Design的出版社。對於書痴而言，能夠透過這本《*New Book Design*》，進入到書的分層結構：從封面設計、內容、排版、字體、印刷、紙張、裝訂。每一個環節都缺一不可，如同欣賞米開朗基羅的大衛像，一件無價的藝術品是需要一本指引去摸索工匠的心血。 在西方，書籍的裝幀設計可說是最早的圖像視覺設計，9世紀的修道士第一次嘗試把文字印在羊皮紙上，加上簡易的排版，最後成為精美的手工製品，這種技術卻也意外成為日後各種印刷的圭臬。也許你已經是一個書痴，或正成為一位因書廢寢的書蠹，無論如何這本書都應該成為藏書人必讀的入門指引。（鍾亨利）

《裝潢志圖說》 周嘉冑／著（山東畫報）

中國古籍果然令人驚豔！感謝有心人將古籍重新「裝潢」成可遠觀也可藝玩的「圖書」。原來，古人說的「圖書」可是「圖」與「書」並重，因此重新詮釋古籍的「圖文書」，其實也十分符合現代人閱讀的習慣，頗具現代感；而「裝潢」原本說的就是書畫裱褙裝幀的功夫哩！還沒正式翻閱，就已經學到兩個常用詞彙的典故，十分有趣。本書以明代《裝潢志》為藍本，四十二節明確說明古籍重裝、書畫碑帖裝裱技術和步驟，檢附譯文和圖片；另有清代《賞延素心錄》，說明裝裱修補書畫的實例。最有趣的是，為恐遺漏缺憾，這本書也跟Net and Books一樣，附上延伸閱讀書單，以饗裝幀裱迷。（沈心怡）

《造紙及印刷》 錢存訓／著 劉拓、汪劉次昕／譯 （臺灣商務）

愛書人難免會對造紙與印刷技術的演變感到好奇。這兩項是人類文化史上最重要的發明，許多人的認識卻僅止於蔡倫與畢昇。這本專論造紙及印刷術的書，是英國劍橋大學李約瑟主編的《中國之科學與文明》大系第十三冊，出自著名的人文科學家錢存訓之手。作者經過長期嚴謹考證與搜集資料，上有史證之始，以迄十九世紀末葉，以時代順序為經，專題分析作緯，探討造紙及印刷的起源、發展與變遷，兼論技術、程序、美學、應用，以及對全球的傳布與影響。題目雖然大，但作者卻能將龐雜的古代資訊轉換成淺白生動的文字，搭配約兩百幅的圖片，讀來饒富趣味。（劉詢）

《中國讀書大辭典》 王余光、徐雁／主編（南京大學）

本書談讀書及旁及讀書的種種一切，從讀書活動、印刷技術、到名人史蹟等等無所不有。其中列舉的題目，大自「笛卡爾論讀書」，小到「江西大學生1988年最喜歡的10種書」，不一而足。
書中還編入了從古到今，世界各國重要名著的簡短導讀，包括了從文學、藝術到經濟學、科學等各層面的各種圖書；雖其中不乏自政治角度出發的選書，但辭條是死板的，知識是活用的，本書仍十分適合作為查詢各項圖書資料、初探各種經典讀物的手邊工具書。（葉亭君）

《*Encyclopedia of the Book*》 Geoffrey Ashall Glaister／著 (Oak Knoll Press)

在出版業，一本有關產業的百科全書是要耗費許多人力物力去完成收集資料，加以校對後才能付梓的。
 OAK Knoll PRESS 長期以來經營古書珍本買賣，擁有世界上最大的古書交易資料庫及書籍會員。集錄各式各樣的出版名詞，稱為『書的百科全書』是此書的最大特點。超過3,000個專有名詞，加上詳細的插圖，從裝幀、印刷、紙張到出版上市交易方式，甚至還有知名出版者、作者、裝訂者及藏書者的生平。擁有這本完善的百科，是每個熱愛書籍的讀者所必備的。(鍾亨利) ∎

誠品好讀

無所不讀，無處不讀

Everything I Read, Everywhere I Read.
It's all about Eslite Reader.

我們無所不讀
閱讀 Cassina Reef Chaise and Bench 沙發．閱讀香港九龍3大菜市場．閱讀 LSD．閱讀貝克漢．閱讀 La Mer Cream．閱讀 Fuji Rock．閱讀 Lars Von Trier
閱讀直排輪世界冠軍 EITO之1080度平空旋．閱讀 Nokia 6600 及 Sony Ericsson Z200．閱讀 Radiohead．閱讀李歐納．柯恩．閱讀 Celine Boogie Bag．閱讀 No Logo……

我們無處不讀　在阿姆斯特丹機場候機室閱讀．在台北101觀景台上閱讀．在墾丁海邊陪卡夫卡閱讀．在柏林 Love Parade 狂舞閱讀．在黃石公園的老忠實噴泉邊閱讀
在摩納哥 F1 賽車場閱讀．在米蘭大教堂閱讀．在京都本願寺閱讀．在倫敦海德公園閱讀．在春天的布拉格閱讀．在哥本哈根美人魚雕像旁閱讀……

每期定價120元．全台誠品書店有售

About the Book．What's Hot?．一人一攤．遊逛生活
目擊人物．閱讀方法學．國際傳真機．訊息版圖

國家圖書館出版品預行編目資料

書的迷戀＝Hunting for Books／黃秀如主編.
--初版. -- 臺北市：網路與書，2004〔民93〕
面： 公分. --（Net and Books 網路與書
雜誌書：10）
ISBN 957-30266-9-4（平裝）
1. 讀書-文集 2. 圖書-文集
019.07   93003726

如何購買 Net and Books 網路與書

● 試刊號

> 特集
閱讀法國
從4200筆法文中譯的書單裡，篩選出最終50種閱讀法國不能不讀的書。從《羅蘭之歌》到《追憶似水年華》，每種書都有介紹和版本推薦。
定價：新台幣150元

存量有限。請儘速珍藏這本性質特殊的試刊號。

1 《閱讀的風貌》

試刊號之後六個月，才改變型態推出的主題書。第一本《閱讀的風貌》以人類六千年閱讀的歷史與發展爲主題。包括書籍與網路閱讀的發展，都在這個主題之下，結合文字與大量的圖片，有精彩的展現。本書中並以《台灣都會區閱讀習慣調查》。
定價：新台幣280元，特價199元

2 《詩戀Pi》

在一個只知外沿擴展的世界中，在一個少了韻律與節奏的世界中，我們只能讀詩，最有力的文章也只是用繩索固定在地面的熱氣球。而詩則不然。
（人類五千年來的詩的歷史，也整理在這本書中。）
定價：新台幣280元

3 《財富地圖》

如果我們沒法體認財富、富裕，以及富翁三者的差異，必定對「致富」一事產生觀念上的偏差與行爲上的錯亂。本期包含：財富的觀念與方法探討、財富的歷史社會意義、古今富翁群像、50本大亨級的致富書單，以及《台灣地區財富觀調查報告》。
定價：新台幣280元

4 《做愛情》

愛情經常淪爲情人節的商品，性則只能做，不能說，長期鎖入私密語言的衣櫃。本期將做愛與愛情結合，大聲張揚。從文學、歷史、哲學、社會現象、大眾文化的角度解讀「做愛情」，把愛情的概念複雜化。用攝影呈現現代關係的多面，把玩愛情的細趣味。除了高潮迭起的視聽閱讀推薦，並增加小說創作單元。
定價：新台幣280元

5 《詞典的兩個世界》

本書談詞典的四件事情：
1).詞典與人類歷史、文化的發展，密不可分的關係。2).詞典的內部世界，以及編輯詞典的人物與掌故。3).怎樣挑選、使用適合自己的詞典——這個部分只限於中文及英文的語文學習詞典，不包括其他種類的詞典。4).詞典的未來：談詞典的最新發展趨勢。
定價：新台幣280元

6 《移動在瘟疫蔓延時》

過去，移動有各種不同的面貌與定義。冷戰結束後，人類的移動第一次真正達成全球化，移動的各種面貌與定義也日益混合。2003年，戰爭的烽火再起，SARS的病毒形同瘟疫，於是，新的壁壘出現，我們必須重新思考移動的形式與內容。32頁別冊：移動與傳染病與SARS。
定價：新台幣280元

7 《健康的時尚》

這個專題探討的重點是：什麼是疾病；怎樣知道如何照顧自己，並且知道不同的醫療系統的作用與限制；什麼是健康，以及如何選擇自己的生活風格來提升自己的生命力。如同以往，本書也對醫療與健康的歷史做了總的回顧。
定價：新台幣280元

8 《一個人》

單身的人有著情感、經濟與活動上的自由，但又必須面對無人分享、分憂或孤寂的問題。不只是婚姻定義上的單身，「一個人」的狀態其實每個人都會遇到，它以各種形式出現，是極爲重要的生命情境或態度。在單身與個人化社會的趨勢裡，本書探討了一個人的各種狀態、歷史、本質、價值與方法。
定價：新台幣280元

9 《閱讀的狩獵》

閱讀就是一種狩獵的經驗。每個人都可以成狩獵者，而狩獵的對象也許是一本書、一個人物、一個概念。這次主要分析閱讀的狩獵在今天出現了哪些歷史性的變化、獵人各種不同的形態，細析他們的狩獵經驗、探討如何利用各種工具有系統地狩獵，以及回顧過去曾出現過的禁獵者及相關的歷史。這本書獻給所有知識的狩獵者。
定價：新台幣280元

10 《書的迷戀》

從迷戀到痴狂，我們對書的情緒有著各種不同的層次。本書要討論的是，爲什麼人對書的實體那樣執著？比起獲取書裡的知識，他們更看重擁有書籍的本身。中西古書在形態和市場價值上差別如此大，我們不能不沉思其背後的許多因素。本書探討的是書籍型態的發展、書痴的狂行與精神面貌、分享他們搜書、藏書和護書經驗，及如何展現自己的收藏。
定價：新台幣280元

Net and Books 網路與書
訂購方法

1. 劃撥訂閱

劃撥帳號：19542850　　戶名：英屬蓋曼群島商 網路與書股份有限公司 台灣分公司

2. 門市訂閱

歡迎親至本公司訂閱。　　台北：台北市105南京東路四段25號10樓之1。

營業時間：週一至週五上午9：00至下午5：00

3. 信用卡訂閱

請填妥所附信用卡訂閱單郵寄或傳真至台北(02)2545-2951。

如已傳真請勿再投郵，以免重複訂閱。

信用卡訂購單

本訂購單僅限台灣地區讀者使用。台灣地區以外讀者，如需訂購，請至www.netandbooks.com網站查詢。

□訂購試刊號　　　　　　　定價新台幣150元×___冊=_____元　　□訂購第6本《移動在瘟疫蔓延時》定價新台幣280元×___冊=_____元

□訂購第1本《閱讀的風貌》　定價新台幣199元×___冊=_____元　　□訂購第7本《健康的時尚》　定價新台幣280元×___冊=_____元

□訂購第2本《詩戀Pi》　　　定價新台幣280元×___冊=_____元　　□訂購第8本《一個人》　　　定價新台幣280元×___冊=_____元

□訂購第3本《財富地圖》　　定價新台幣280元×___冊=_____元　　□訂購第9本《閱讀的狩獵》　定價新台幣280元×___冊=_____元

□訂購第4本《做愛情》　　　定價新台幣280元×___冊=_____元　　□訂購第10本《書的迷戀》　　定價新台幣280元×___冊=_____元

□訂購第5本《詞典的兩個世界》定價新台幣280元×___冊=_____元

□預購第11本至第22本之《網路與書》(不定期陸續出版)　　特價新台幣2800元×____套 =_____元

以上均以平寄，如需掛號：

□試刊號與《閱讀的風貌》、《詩戀Pi》、《財富地圖》、《做愛情》、《詞典的兩個世界》、《移動在瘟疫蔓延時》、《健康的時尚》、《一個人》、《閱讀的狩獵》、《書的迷戀》每本加收掛號郵資20元。

□預購第11本至第22本，每套加收掛號郵資240元。

訂 購 資 料		
姓名：	生日：	性別：□男　　□女
身分證字號：	電話：	傳真：
E-mail：	郵寄地址：□□□	
統一編號：	收據地址：	

信 用 卡 付 款
卡　別：□VISA　　□MASTER　　□JCB　　□U CARD
卡　號：_____ 有效期限：200　年　　月止
持卡人簽名：_____ （與信用卡簽名同）
總 金 額：_____ 發卡銀行：_____

如尚有任何疑問，歡迎電洽「網路與書」讀者服務部

服務專線：0800-252-500 傳真專線：＋886-2-2545-2951

服務時間：週一至週五上午9：00至下午5：00　　E-mail：help@netandbooks.com